암호화폐 코뮤니즘

암호화폐 코뮤니즘

마르크 알리자르트 지음
박동철 옮김

한울
아카데미

공산주의 = 소비에트 + 전기電氣

- 블라디미르 레닌 -

차례

감사의 말

이 책을 소장하겠다며 나를 신뢰한 시리즈 편집인 로랑 드 쉬테 Laurent de Sutter에게 가장 먼저 감사드린다. 또한 존 톰프슨 John Thompson과 폴리티 Polity 출판사 그리고 이 책을 영역한 로빈 매카이 Robin Mackay에게 감사한다. 나의 원고를 검토하고 나의 생각에 도움을 준 독자들, 곧 브륀 콩파뇽-자냉 Brune Compagnon-Janin, 앙토니 마쉬르 Anthony Massure, 알리오카 임호프 Aliocha Imhoff, 칸투타 퀴로스 Kantuta Quirós, 마티외 포트-보너빌 Mathieu Potte-Bonneville, 오딜 라콤스키-라게르 Odile Lakomski-Laguerre, 자크 파비에 Jacques Favier, 아들리 타칼 바타유 Adli Takkal Bataille 등에게도 감사드린다.

서론

자유의 제도

암호화폐cryptocurrency는 '혁명적'이라고 흔히 간주되는데, 정말로 혁명적이다. 비트코인Bitcoin[1] 선언문은 역사상 가장 유명한 혁명 선언들과 놀랍도록 유사하다. 중개자로서의 은행가banker 없이 거래하는 것이 가능하다는 사토시 나카모토Satoshi Nakamoto[2]의 비전은 신자들이 중개자로서의 사제 없이 하느님과 직접적인 관계를 누릴 수 있다는 마르틴 루터Martin Luther[3]의 주장 — 1517년 종교개혁을 촉발했음 — 을 우리에게 상기시킬 수밖에 없다. 비트코인 선언문은 올리버 크롬웰Oliver Cromwell, 조지 워싱턴George Washington, 막시밀리앙 드 로베스피에르Maximilien de

---

1 원서에서 대문자 B를 쓴 'Bitcoin'은 '비트코인'(고딕체)으로, 소문자 b를 쓴 'bitcoin'은 '비트코인'으로 구분해 표기했다. 소문자 b를 쓰는 것은 대문자 B를 쓰는 프로토콜 자체와 구별하기 위해서다 _옮긴이.

2 비트코인을 개발한 신원 미상의 인물이다 _옮긴이.

3 독일의 사제, 종교개혁가(1483~1546)다 _옮긴이.

Robespierre의 선언문과 비슷한 느낌을 주는데,[4] 큰 정치혁명을 야기한 그 선언문들에 의하면 국민은 중개자로서의 군주 없이 스스로 통치할 수 있다.

(나카모토의) 비트코인 '백서'(2008)가 종교개혁이 말한 것처럼 우리에게 영생을 얻는 방법을 말하지 않으며 저축한 것을 걱정하는 소액 투자자들의 자잘한 계산이 자유를 위한 투쟁과 공통점이 없다는 것은 분명하다. 이 점에서 그 '백서'가 막연한 공명共鳴을 뛰어넘을지 여부, 비트코인이 앞선 혁명들과 같은 종류의 파괴력을 정말로 발휘할지 여부에 관해 우리가 의문을 품는 것은 당연하다. 그러나 암호화폐를 '돈' 문제에 불과하다고 해서 간과하는 것은 큰 잘못일 것이다. 금융은 결코 하찮은 것이 아니다. 경제는 우리 사회의 근본적인 측면일 뿐 아니라 어느 의미에서는 다른 수단에 의한 종교적·정치적 영역의 연속이다.

성찬 전례 빵이 동전과 같은 모양인 것은 애초에 둘 다 같은 틀에서 만들어졌기 때문이다. 신교 국가에서 역사상 최초의 '중앙은행들'이 창설되었는데, 금융공학상 최우선으로 요구된

4　크롬웰(1599~1658)은 청교도혁명, 워싱턴(1732~1799)은 미국독립혁명, 로베스피에르(1758~1794)는 프랑스혁명을 각각 이끌었다 _옮긴이.

'신뢰'는 '믿음'의 다른 표현이었다.[5] 개신교는 믿음과 죄를 종교 생활의 중심에 놓음으로써 서로 신뢰하는 신도들이 자신들의 (금융적 또는 도덕적) 채무에 대해 서로 '신용'을 주도록('믿도록') 만든다. 18세기 초 프랑스에 지폐를 도입한 사람은 신교도 존 로John Law였다.[6][7] 또한 지폐는 개신교의 믿음 개념이었는데, 지폐가 — 자유민주주의 건설을 뒷받침하고 군주제의 속박으로부터 벗어나게 한 — 신뢰와 풀어줌 그리고 자유로움을 함축한다는 의미에서 그렇다.

실로 사토시의 발명도 신뢰와 믿음을 다룬다는 점에서 그 발명은 종교개혁에서 자유민주주의로 흐르는 서방의 신학적·정치적 역사를 실질적이고 훌륭하게 계승한다. 그것은 그러한 역사적 성취를 재현하는 것일 수 있다. 왜냐하면 종교개혁과 혁명이 주관적인 믿음 개념에 기초한 반면 비트코인은 믿음의 알고리즘이기 때문이다. 비트코인 덕분에 '신뢰받는 제3자'로부터 수학적으로 해방되기 때문에 비트코인은 믿음과 자유를

---

5 Harold J. Berman, *Law and Revolution II*(2006) 참조. 특히 버먼은 이 점에서 앵글로·색슨 국가와 베네치아 간의 은행 모델 차이를 언급하고 있다.

6 스코틀랜드 출신의 금융업자(1671~1729)다 _옮긴이.

7 물론 지폐는 가톨릭 교단과 잘 맞지 않았다. 국왕이 지폐 인쇄를 좋아한 지 5년 만에 인플레이션이 프랑스를 파산시켰다.

생산하는 기계이기도 하다.[8]

　그렇기는 해도 혁명에는 오해가 따르기 마련이며 크립토[9] 혁명crypto-revolution도 예외가 아니다. 암호화폐 '광신도들' ─ 우리가 이 단어 사용을 권하는 것은 이것이 실로 새로운 종교이자 새로운 정당이기 때문임 ─ 이 자신들의 신념에 대해 실망하는 처지가 될 수도 있다. 크립토 혁명이 우리가 아는 국제통화 체제의 종식을 가져올 수 있지만 모든 빈곤과 불평등을 종식시키지 못할 것이며, 힘이 실린 개인들이 납세와 준법에서 해방되는 멋진 신세계 ─ 예언적 자유지상주의자, 극우 비트코이너bitcoiner, 크립토 숭배자 등 많은 사람들이 말하기 좋아하는 이야기 ─ 를 탄생시키지도 못할 것이다. 과거의 혁명이 우리에게 가르치는 것이 있다면, 해방과 자유는 새로운 책무와 때로는 고민을 수반하는 매우 특별한 방식으로 온다는 점이다.

　중세 시대 농민들이 토마스 뮌처Thomas Müntzer[10]와 같은 종교 개혁 지도자들 주위로 모였는데, 뮌처는 루터의 95개조 반박

8　'진실 기계(truth machine)'를 훨씬 뛰어넘는다. Michael J. Casey and Paul Vigna, *The Truth Machine*(2018) 참조.

9　형용사나 접두사로 쓰이는 크립토(crypto)는 '비밀의', '숨겨진' 등을 뜻하며, 명사로는 '비밀 당원', '암호' 등을 의미한다 _옮긴이.

10　독일의 종교·사회 개혁가(1490?~1525)다 _옮긴이.

문으로부터 이제는 모든 도덕과 성직의 권위에서 벗어나 사는 것이 가능하다고 추론했다. 그리고 혁명 미치광이들enragés이 있었는데, 그들은 새로 얻은 자유에 힘입어 자신들 머리 위로 들어 올린 사람들을 마음껏 참수할 권리가 있다고 믿었다. 하지만 궁극적으로 그들 모두가 종교개혁과 시민혁명의 깊은 의미에 관해 오해했음을 조만간 알게 되었다. 신교가 구교보다 더 종교적 엄격성을 도입하게 되었고, 신교도Protestants가 '청교도Puritans'로 알려질 지경이 되었다. 사제직이 폐지되고 대성당, 제단, 향, 라틴교회(로마가톨릭교회) 등이 파괴되었다. 이처럼 모든 가시적 표상을 없애버린 종교적 실천은 그만큼 더 금욕적이 되었고 모든 세속 생활에서 항상 준수되어야 했다. 이와 비슷하게 민주주의도 구체제ancient régime보다 훨씬 더 복잡하고 난해하다는 것이 드러났다. 군주들이 쫓겨난 결과, 공무원 무리와 더불어 사전과 전화번호부를 합친 것보다 더 두꺼운 법서로 무장한 관료주의가 만연하게 되었다.

교회와 국가를 파괴하려고 했던 종교개혁과 자유주의 혁명 후에 교회와 국가가 귀환한 것은 종교개혁과 혁명이 당초의 목표를 성취하지 못했으며 앞으로 진정한 올바른 혁명이 도래해야 함을 의미한다는 주장[11]이 이제는 나올법하다. 그러나 진실은 이러한 귀환이 병이 아니라 특징이라는 것이다. 루터는 하느님의 법을 전복하려고 하지 않았으며 오히려 실현하려고 했다. 장 자크 루소Jean Jacques Rousseau[12]는 자연의 규칙이 인간의 규칙을 대체하기를 바라지 않았으며 오히려 인간의 규칙이 마땅히 준수되고 이행되도록 보장하고 싶었다. 사실 두 사람 다 자유가 역설적으로 하느님의 말씀과 인간의 규칙을 이행하는 최선의 길이라는 것을 이해했었다. 그 까닭은 궁극적으로 자유는 모든 법에서 자유로운 데에 존재하는 것이 아니라 자유롭게 법을 자신에게 부과하는 데에 존재하기 때문이다. 이는 '자율autonomy'이라는 말의 분명한 뜻이 '자신auto'에게 부과된 '법nomos'이라는 데서도 알 수 있다.

자유는 변덕이 아니다. 그것은 제도다. 자유는 제도에 의존하며 제도를 창조한다. 사토시의 프로젝트에 대해서도 똑같이 말할 수 있다. 비트코인은 신뢰를 파괴하는 것이 아니라 회복하려고 한다. 그것은 우리가 신봉할 수 있는 제도를 소멸시키는 것이 아니라 회복하려고 한다. 그것은 이 사회를 살 만하게

---

11 일을 추진하는 데는 항상 '더 순수한' 길이 있다고 보는 이러한 신념이 최초의 종교개혁과 프랑스혁명 이후 계속 발생한 수많은 종교개혁과 혁명을 부채질했다.

12 스위스에서 태어나 프랑스에서 활동한 작가, 사상가(1712~1778)다. 인위적인 문명사회의 타락을 비판하며 자연으로 돌아갈 것을 주장했다 _옮긴이.

만들려고 한다. 그리고 매우 설득력 있는 의미에서 비트코인은
종교개혁이나 혁명과 똑같은 방식으로 그렇게 한다. 즉, 낡은
제도를 새 제도로 바꾸는 방식인데, 새 제도는 **선택된** 제도라는
점에서 더 튼튼하다. 블록체인blockchain이라는 적절한 이름이
명시하듯이, 비트코인은 우리가 스스로 사슬을 채우도록 함으
로써 우리를 자유롭게 한다.

　그리하여 암호화폐가 새로운 변화의 바람을 일으켜 전 세계
에 자유를 확산시킬 것임은 의문의 여지가 없다. 그러나 의당
이런 일은 티파티Tea Party[13]의 열성 회원들이 꿈꾸는 방식으로
일어나는 것이 아니라 우리의 삶을 루터의 종교개혁보다 더 금
욕적인 새 교회에, 루소의 공화국보다 더 엄격한 새 국가에 바
침으로써 일어날 것이다. 신학적·정치적 크립토 체제regime는
'크립토 무정부주의crypto-anarchism'가 아닐 것이다. 오히려 그
체제는 우리에게 새로운 법, 즉 자유주의 법보다 더 엄격한 새
로운 불문법을 부과하는 체제일 것이다. 따라서 그 체제는 당
대에 스스로 혁명적이라고 간주했던 체제와 더 흡사할 것이

---

13 2009년 이후 미국 시민들이 전개한 조세 저항 운동으로, 건전 재정과 작은
　　정부를 지향한다. 홍차 과세를 거부해 미국독립전쟁의 도화선이 된 보스턴차
　　사건(Boston Tea Party)에서 유래한다 _옮긴이.

다. 그 체제가 신봉자들이 바랐던 혁명, 즉 공산주의 — 더 정확하게는 크립토 공산주의crypto-communism(비밀공산주의) — 를 일으키는 데 실패했더라도 말이다.

제**1**부

국민 통치, 사물 관리

CRYPTOCOMMUNISM

제1장

국가통제주의 없는 국가

크립토적인 것은 모두 국가주의적·중앙집권적·계획적·전체주의적이 아니기 때문에 크립토 집단 내에서는 공산주의가 흔히 중요한 역할을 하며, 여기서 크립토는 분권적·자유주의적·해방적이라고 간주된다. 그러나 사토시 나카모토, 아인 랜드Ayn Rand[1] 또는 프리드리히 하이에크Friedrich Hayek[2] 이전에, 우리가 어떻게 국가 없이 지낼 수 있는지 질문한 첫 인물이 누구인가? 다름 아닌 카를 마르크스Karl Marx[3]다.

마르크스는 자유를 사랑했으며, 철학자와 정치가로서 그의

1　러시아에서 태어나 1926년 미국으로 이주한 소설가(1905~1982)로 『파운틴헤드(The Fountainhead)』(1943), 『아틀라스(Atlas Shrugged)』(1957) 등의 대표작을 남겼다 _옮긴이.

2　오스트리아 출신의 영국 경제학자, 철학자(1899~1992)다. 1974년 노벨 경제학상을 수상했다 _옮긴이.

3　독일의 경제학자, 철학자(1818~1883)다 _옮긴이.

야심도 바로 자유를 보호하는 길을 찾는 것이었다. 결국 그는 프랑스혁명에서 부르주아 사업가들의 이득을 얻기 위한 도둑질을 목격한 세대에 속했다. 그는 졸부들이 자신들에게 권력을 안긴 대중을 착취해서 그 모든 특권을 되찾는 것을 보았다. 그는 민중의 대의를 진전시킬 능력으로 공공의 부를 강탈한 가짜 귀족들을 증오했다. 그는 이 새로운 주인들이 계몽주의의 이상인 해방이라는 요정을 병 속에 도로 집어넣는 것을 막고 싶었다. 본질적으로 마르크스는 혁명과 나아가 종교개혁을 급진적으로 추구한 첫 인물이었다. 마르틴 루터를 열렬히 숭배한 마르크스는 루터가 성직을 허문 것처럼 국가를 허무는 것이 자신의 책임이라고 생각했다. 그가 공산주의 이름하에 근본적으로 유념한 것은 『공산당 선언Communist Party Manifesto』(1848)에서 썼듯이 '공권력'이 그 '정치적 성격'을 상실한다는 것이다. 『공산당 선언』의 목적은 "사람 통치가 사물 관리로 대체되도록" 만드는 것이었다. 이 말을 그의 조수 프리드리히 엥겔스Friedrich Engels[4]의 표현으로 바꾸면, 『공산당 선언』에 따라 "낡은 부르주아 사회 대신에 (……) 우리는 협회를 가지게 될 것인바, 그

---

[4]   독일의 경제학자, 철학자(1820~1895)다. 마르크스의 동료이자 후원자이기도 했다 _옮긴이.

속에서 각자의 자유로운 발전은 모두의 자유로운 발전을 위한 조건이다".

「크립토 무정부주의 선언Crypto Anarchist Manifesto」(1988)의 저자가 이 말을 쓸 수도 있었을 것이다.[5] 그리고 그것은 우연의 일치가 아니다. 먼저 사회주의 운동을 피에르-조제프 프루동 Pierre-Joseph Proudhon,[6] 미하일 바쿠닌Mikhail Bakunin,[7] 루이 블랑 Louis Blanc[8] 등이 이끈 무정부주의 운동과 구별하기는 거의 불가능하다. 정말로 유일하게 중요한 차이점이 있는데, 사회주의 운동 덕분에 우리가 공산주의와 블록체인 간의 연계를 이해하게 된다는 점이 특별히 우리의 흥미를 끈다. 부연하자면, 마르크스는 사회의 탈국가화destatization는 어떤 다른 종류의 조직이나 프로토콜을 수반해야 하며, 그렇지 않으면 같은 원인에서 같은 효과가 고스란히 재생될 것이라고 믿었다. 달리 말해서 사적인 세력이 공공의 약점을 이용해 공유재산을 몰수할 것이

---

5   미국의 엔지니어 티모시 메이(Timothy May, 1951~2018)가 발표했다 _옮긴이.

6   파리코뮌에 큰 영향을 끼친 프랑스의 무정부주의 사상가(1809~1865)다 _옮긴이.

7   러시아의 무정부주의 사상가, 활동가(1814~1876)다 _옮긴이.

8   노동자 협동조합의 창설을 주장한 프랑스의 사회주의자(1811~1882)다 _옮긴이.

고 국가가 잿더미에서 다시 일어나 더 강력해질 것이다. 이는 1870~1871년 코뮌Commune이 박살난 데서 드러났다.

마르크스는 시장이 국가를 대체할 것이라고(모든 조짐을 보면, 그럴 가능성이 다분함) 믿지 않았다기보다 시장에 맡길 때 그 시장이 유지될 수 있는 능력이 있다고 보지 않았다. 마르크스의 원전에 따르면, 시장이 또 다시 국가로 바뀔 것이다. 정말이지 국가는 기업가들을 '억압'하지 않는다. 그들이 늘 불평함에도 그렇다. 정반대로 국가는 기업가들이 창조하는 것이다. 자본가들이 자신들의 사유재산을 보호하고 자신들의 이익을 증진하며 경쟁 증가를 억제하기 위해 국가를 만들었다. 달리 말하면, 국가는 공익임을 가장하는 지배적 사익이 결코 아니다. 국가는 시장에서 활개를 치는 행위자다.

역설적이지만, 이 점 때문에 마르크스는 우리가 통상 생각하는 것보다 훨씬 더 가깝게 자유지상주의자들libertarians과 연계되어 있다. 왜냐하면 자유지상주의자들도 시장이 정치인들에 의해 조작操作되며, 따라서 시장이 다시 효율적이 될 수 있으려면 정치적 통제에서 해방되어야 한다고 생각한다. 국가를 파괴하는 것은 굴이 진주를 은닉하듯이 시장이 국가를 은닉하는 메커니즘을 차단하는 것을 의미한다. 그래서 자유지상주의자들은 마르크스보다 더 국가를 억제하려고 하지 않는다. 그와 반대로 하이에크의 예를 보자. 그는 정부를 상위 구조의 감독하에 두는 것을 옹호했는데, 그 상위 구조가 부과할 수 있는 자유경쟁 규칙은 모두에게 차별 없이 적용되어야 한다.

마르크스와 자유지상주의자들 간의 유일한 차이는 시장규제를 담당할 구조다. 하이에크의 경우, 그 구조는 집행·입법 권력을 통합하는 비선출직 '현인위원회 council of wise men'다. 그 위원회가 하는 일은 시장규제를 담당하는 것 외에 도덕적 이슈에 관해 자기 의견을 자랑스레 발표하는 것이다(그 오스트리아 사상가에 의하면, 그런 발표는 국민이 자유에 대한 '교양'이 있어야 하기 때문인데, 그는 자유를 사랑한다고 공언했음에도 불구하고, 아니면 더 역설적으로 그 사랑 때문에 파시즘에 대한 공감을 숨기지 않았음). 마르크스의 경우, 그 구조는 같은 권력이 부여된 '인민위원회 popular council' ― 후일 레닌 시대에 '소비에트Soviet'가 됨 ― 였다. 그러나 이것도 마르크스주의자와 자유지상주의자를 구별하는 충분한 근거가 되지 않는다. 달리 말하면, 적어도 그 둘이 똑같이 실패했다. 즉, 원로위원회와 인민위원회가 모두 자기 임무를 다하지 못했다.

바쿠닌은 마르크스가 정치적 조직에 대한 자신의 열정 때문에 부르주아국가를 마찬가지로 나쁠 '붉은 관료제'로 대체하게 될 것이라고 예측했었는데, 결국 바쿠닌이 옳았음이 입증되었다. 블라디미르 레닌Vladimir Lenin과 이오시프 스탈린Iosif Stalin의 굴레하에서[9] '프롤레타리아 독재'라는 무시무시한 환상이 악명 높은 '당Party'으로 변신해 국가 내 진짜 국가가 되었다. 이는 당이 봉사하게 되어 있는 프롤레타리아의 신뢰를 배반한 것이다. 즉, 당이 '민주적 중앙집권주의'의 도구가 됨으로써 중앙집권주의가 항상 민주주의를 이겼다.

그러나 자유지상주의가 국민에게 시스템의 효과성을 납득시키는 데에 마르크스주의보다 더 성공적이지 못했다고 말하는 것은 부당한 과장이 아니다. 전 세계적으로 하이에크의 권고를 따랐는바, 이른바 '신자유주의neoliberalism'하에서 테크노크라트 제도가 도처에서 일반의지를 대신했다. 이른바 '중앙은행들'(자유지상주의자들이 스스로 만들었음을 깨닫지 못하고 끊임없이 분노를 터뜨린 제도임!) 외에 국제통화기금International Monetary Fund: IMF과 세계은행World Bank(총재와 이사들이 모두 비선출직임)이 출현했다.[10] '대법원들'(판사들이 비선출직임)과 '중앙 정보기

---

9 레닌(1870~1924)과 스탈린(1879~1953)은 모두 소련의 혁명가이자 정치가다 _옮긴이.

10 미국 연방준비제도(United States Federal Reserve System: Fed)는 1913년 창설되었지만 1978년까지 실질적인 독립을 성취하지 못했는데, 이는 하이에크와 가까운 밀턴 프리드먼(Milton Friedman)의 저술이 특별한 영향을 끼쳤기 때문이다. 신자유주의보다 두 세기 앞서는 제도로서 미국 대법원의

관들'(수장들 역시 비선출직임)도 물론 등장했다. 이 모든 제도의 문제점은 국민의 감독 없이 그 제도를 이끄는 인사들이 과두제oligarchy의 가장 충직하고 헌신적인 대표들에 의해 임명되어야 한다는 점이다. 결국 신자유주의 핵심 인사들로 몽펠르랭 협회Mont Pelerin Society[11]를 만든 하이에크와 그의 친구들은 큰 사업을 위해 (그들이 처음부터 공모자가 아니었다면) 유용한 바보 역할을 했을 뿐이다.

그러나 인민위원회나 비선출직 테크노크라트가 시장의 기능장애를 극복할 수 없다면 도대체 누가 할 수 있는가? 여기가 비트코인이 파고드는 지점이다. 왜냐하면 비트코인이 이 난관에 대한 해법을 제공할 것으로 보이기 때문이다. 비트코인은 공산주의가 국가의 '체계적 파괴organized destruction'를 수행하기 위해 필요로 했던 빠진 부품인 것으로 보인다.

독립은 분명히 다른 차원이다. 그러나 마르크스는 대법원의 존재를 정당화하는 권력분립 원칙이 부르주아국가의 탄생을 대변한다고 늘 주장했다.

11 1947년 하이에크가 스위스 몽펠르랭에서 결성한 자유주의 학자들의 모임이다 _옮긴이.

제2장

사이버네틱스와 통치성

사이버네틱스cybernetics(인공두뇌학)의 아버지 노버트 위너 Norbert Wiener[1]는 정보기술이 민주적 거버넌스 문제에 대한 해법을 제공한다고 일찍이 1950년대에 파악했던 최초의 인물들 가운데 하나였다. 실로 '사이버네틱스'란 말은 '좋은 정부의 과학'을 가리키는 뜻을 내포하고 있다(그 어원인 그리스어 'kubernetes'는 '조타수'라는 의미임). 위너에 의하면, 하나의 사회는 긍정적인 환류 고리feedback loops를 통해 '균형homeostasis'을 추구하는 여느 다른 시스템과 같다고 묘사할 수 있을 것이다. 그리하여 신체의 필수 기능이 우리의 의식적인 개입 없이 신경계의 의해 통제되는 것과 마찬가지로 그 사회는 자동화되고 분권화된 알고리즘에 의해 적정하게 통제되어야 한다.

일부 끈질긴 소문에 의하면, 인공두뇌학자들이 통제의 반민

---

1   사이버네틱스를 창시한 미국의 수학자(1894~1964)다 _옮긴이.

주적 형태와 자기 규제의 자유주의 시스템을 지나치게 찬양함으로써 사이버네틱스가 우익이었다고 한다. 그러나 위너의 저술에서는 그런 입장이 보이지 않는데, 그는 스탈린주의와 초超자유주의를 모두 배격했다(실로 그는 공산주의자를 색출하는 매카시즘 추종자들을 달래기 위해 자신의 저서 개정판에서 그 둘을 비교하는 항목을 제거해야 했음). 사실 '맨해튼 프로젝트'[2]에 참여한 과학자 세대 전체가 그랬듯이 위너도 그 공공재[3]가 어떤ㅡ공산주의자든 자본주의자든ㅡ전면 핵전쟁 추진론자의 수중에 들어갈지도 모른다는 걱정에 휩싸였다. 이러한 의미에서 위너가 자동화와 분권화를 주장한 것은 카를 마르크스가 인간의 탐욕과 어리석음으로부터 차단된 국가에 집착한 것과 유사하다.

우연이 아니겠지만, 마르크스주의자들이 사이버네틱스에서 얻을 수 있는 편익을 가장 잘 파악한 사람은 위대한 공산주의자 지식인 루이 알튀세르Louis Althusser[4]였을 것이다. 알튀세르는 공산주의가 블라디미르 레닌과 이오시프 스탈린 치하에서 부딪친 난관을 아주 특별하게 이해했다. 그가 보기에, 장-

---

2 제2차 세계대전 중 미국이 극비로 진행한 원자탄 제조 계획이다 _옮긴이.

3 원자탄을 의미한다 _옮긴이.

4 프랑스의 마르크스주의 철학자(1918~1990)다 _옮긴이.

폴 사르트르Jean-Paul Sartre[5]가 생각한 것처럼 '인간의 얼굴을 가진 사회주의'가 등장할 수 있도록 제거되어야 했던 독재적·반사회적 지도자들이 사회주의를 인질로 잡고 있었던 것이 아니었다. 그 반대로 알튀세르는 사회주의가 여전히 너무 '인본주의적인' 정치 비전의 포로가 되었다고 주장했다. 그는 마오쩌둥이나 스탈린이 지나치게 감상적인 지도자였다고 본 것이 아니라 그들이 개인숭배에 굴복함으로써 공산주의가 모든 스승으로부터 해방되어야 한다는 마르크스의 근본 사상을 배반했다고 보았다. 알튀세르에 의하면, 공산주의를 구하는 유일한 길은 역사가 인간의 어떤 도움 없이 스스로 진행한다는 사상, 즉 역사가 '주체 없는 과정'이라는 사상을 포용함으로써 '주체의 형이상학'을 완전히 배격하는 것이었다.

그가 발전시킨 공산주의는 하나의 '구조'로 표현되는데, 그 구조는 여러 방식을 가진 시스템으로서 중앙과 종합적 지휘부가 없으며 다수의 하위 시스템들이 '과도하게' 서로를 분명히 규정한다. 즉, 하위 시스템들이 '일방적으로' 결정되는 것이 아니라 그들의 일관성을 보장하는 고리에 의해 결정된다. 알튀세르가 '구조적'이라고 부른 이 마르크스주의는 사실 사이버네틱

---

5 프랑스의 소설가, 철학자(1905~1980)다 _옮긴이.

스의 환류와 고리에서 영감을 받았다. 그리고 정말이지 연계가 있다. 구조주의 창시자 가운데 한 사람인 클로드 레비스트로스Claude Levi-Strauss[6]가 뉴욕에서 열린 여러 분야 학자들의 메이시 회의Macy Conferences[7]에 참석했는데, 1940년대와 1950년대에 걸쳐 그 회의는 전후 사이버네틱스의 선구자들을 끌어 모았다. 또 다른 구조주의자 자크 뤼캉Jacques Lucan[8]도 컴퓨터광이었다. 놈 촘스키Noam Chomsky[9]는 생성문법에 관한 자신의 언어학 저술을 개발하기 위해 프로그래밍언어를 사용했다.

이것이 소련이 1960년대 이후 수행한 선구적 정보화 기술 프로젝트에 영향을 준 것인가? 그런 것 같지는 않다. 그러나 스탈린이 컴퓨터 과학을 "반혁명적인 미국의 과학"이라고 이념적으로 비난한 후 ― 이 비난이 오랫동안 사회주의자들을 짓눌렀으며 지금도 정보화사회에 대한 그들의 지속적인 불신을 설명하고 있음 ― 니키타 흐루쇼프Nikita Khrushchev[10]도 사이버네틱스의 편익,

---

6 프랑스의 철학자, 인류학자(1908~2009)다 _옮긴이.

7 메이시(Macy) 재단의 주도로 1941~1960년에 여러 분야의 학자들이 총 160회 모인 회의다 _옮긴이.

8 프랑스의 건축학자(1947~2023)다 _옮긴이.

9 미국의 언어학자(1928~)다 _옮긴이.

10 소련의 정치가(1894~1971)다. 스탈린이 죽고 나서 소련의 최고 지도자를 지냈다 _옮긴이.

특히 계획 세우기를 위한 그 편익을 스탈린과 비슷한 식으로 이해한 것이 틀림없다. 그때까지 경제 데이터가 수작업으로 수집되어 교차 비교를 위해 국가계획위원회Gosplan에 제출되던 소련에서 데이터 수집을 일반화·자동화할 수 있다는 전망은 아주 매력적이어서 전국 공장에 2만 개의 데이터 수확기를 설치하는 전국컴퓨터망프로젝트OGAS에 당이 자금을 댔다. 이것이 프리드리히 하이에크의 비판에 대한 흥미로운 응수가 될 수 있었을 것이다. 하이에크는 「사회에서의 지식의 사용The Use of Knowledge in Society」이라는 1945년 논문에서 소련의 계획은 상품의 공정한 가격에 관해 시장만큼 많은 정보를 수집할 수 없기 때문에 실패할 운명이라고 비판했었다.[11] 결국 그 프로젝트는 체카Cheka[12]에 대한 피해망상이 여전히 만연한 소련에서 결실을 맺지 못했지만, 살바도르 아옌데Salvador Allende[13] 치하의 1970년대 칠레에서 운용되었다. 스태퍼드 비어Stafford Beer[14]라

---

[11] 하이에크에 의하면, 소련의 계획은 경제의 니즈(needs)와 역량에 관해 시장만큼 많은 정보를 수집할 수 없기 때문에 실패할 운명이었다.

[12] 1917년 볼셰비키 혁명 후 창설된 비밀경찰로 KGB(소련 국가보안위원회)의 전신이다 _옮긴이.

[13] 칠레의 정치가(1908~1973)다. 대통령 재임 중에 일어난 군사 쿠데타로 사망했다 _옮긴이.

[14] 영국의 경영학 교수, 컨설턴트(1926~2002)다 _옮긴이.

는 괴짜 사이버네틱스 연구자(리무진을 몰고 시가를 피웠음)가 설계한 사이버신Cybernetic Synchronization: Cybersyn 프로젝트는 각 공장에서 데이터를 수집해 텔렉스telex(전신의 일종)로 지휘 본부에 전송하고 지휘 본부의 컴퓨터가 경제 시스템의 안정성을 자동적으로 확보하는 일을 담당했다.

확실히 사이버신은 아주 초보적이었으며 무엇보다도 극도로 집중화되었기 때문에 만일 쿠데타에 성공한 아우구스토 피노체트Augusto Pinochet[15] 장군이 사이버신을 없애지 않고 반대파를 감시하고 침묵시키는 데 사용했더라면 어떻게 되었을지 궁금해진다. 그러나 1970년대에 전자 부품의 소형화 진전으로 무수한 개인용컴퓨터가 위너와 비어가 다루었던 육중한 대형 계산기를 대체할 수 있을 것으로 보였을 때, 진정으로 분권화된─비트코인을 예시豫示하는─최초의 통제 시스템을 개념화하는 것이 가능하게 되었다.

비전을 가진 스튜어트 브랜드Stewart Brand[16]가 엔지니어, 생물학자, 시인, 정치 활동가 등을 규합할 목적으로 ≪홀 어스 카

---

15 칠레의 군인 출신 대통령(1915~2006)이다. 군사 쿠데타를 일으켜 아옌데 정권을 무너뜨리고 권력을 잡았다 _옮긴이.
16 미국의 프로젝트 사업가, 작가(1938~)다 _옮긴이.

탈로그Whole Earth Catalog≫[17]라는 저널을 발행함으로써 그 저널
을 중심으로 하나의 집단을 창설했다. 그는 컴퓨터가 슈퍼 계
산기일 뿐 아니라 '커뮤니케이션'과 '공산주의' ─ 이 두 단어가
공유하는 어원은 'common(공동의)'임 ─ 를 위한 첨단 도구임을
파악한 인물 가운데 하나였다. 컴퓨터는 온 지구 사람들이 즉
각적으로 서로 소통할 수 있도록 만듦으로써 세계를 마셜 매클
루언Marshall McLuhan[18]이 약속한 '지구촌'으로 만들 예정이었다.
그리고 궁극적으로 컴퓨터는 인류에게서 기계적 작업의 짐을
덜어줌으로써 새로운 무릉도원을 도래시킬 것이었다. 또한 컴
퓨터는 생명 자체의 은밀한 언어, 즉 DNA 언어를 우리에게 가
르침으로써 새로운 자연의 창조를 가능하게 만들 것이었다.
시인 리처드 브로티건Richard Brautigan[19]이 노래했다.

　　노동에서 해방된 우리

　　자연과 다시 합치네

---

17 1968년부터 1972년까지 1년에 여러 번 발행된 반문화 잡지이자 제품 카탈
　　로그다 _옮긴이.

18 캐나다의 미디어학자(1911~1980)다 _옮긴이.

19 미국의 소설가, 시인(1935~1984)이다. 여기에서 인용된 시는 「은총의 기계
　　가 모두를 지켜보네(All Watched Over by Machines of Loving Grace)」
　　(1967)다 _옮긴이.

포유류로 돌아가네

은총의 기계가

형제와 자매들

모두를 지켜보네

이러한 약속과 더불어, 그리고 ― '실존하는 사회주의'의 붕괴, 기후변화에 대한 번뇌의 시작, 미국 민주주의의 베트남 내 범죄 등으로 ― 약간의 낙관론이 지독히 필요한 세상에서 스튜어트 브랜드가 중심이 된 집단이 그 사상을 전파하기 위해 발행한 저널이 즉각적인 성공을 거두었다. ≪홀 어스 카탈로그≫는 곧바로 반反문화 세계뿐 아니라 엔지니어와 프로그래머들 사이에도 널리 배포되기 시작했다. 그리하여 미국 역사가 프레드 터너 Fred Turner[20]에 의하면, 이 사이버공산주의 또는 '사이버공동체주의cybercommunalism'[21] 유토피아가 오늘날 우리가 사는 정보화 사회를 형성하는 데 중요한 역할을 했다. 사이버공산주의는 '웹web'이라는 인터넷의 발명에도 그 배경으로 작용했으며, 사회연결망social network과 그 자유로운 접근 문화로 가는 길을 닦

---

20 미국 스탠퍼드 대학교 커뮤니케이션학 교수(1961~)다 _옮긴이.

21 터너는 히피 정신에 더 가까운 이 단어를 선호한다.

았다. 또 그것은 리눅스Linux 운영체제와 위키피디아Wikipedia 같은 공개 출처open-source 프로젝트에 동기를 부여했다. 특히 사이버공산주의는 왜 아직도 실리콘밸리가 항의를 용납하지 않을 정도로 거의 신성한 전도사 임무를 맡고 있다고 스스로 생각하는지에 대한 이유다.

그러나 이 경우에도 꿈이 원동력이 된 것은 물론 아니다. 테크노-히피 드림techno-hippy dream 이후 50년이 지났지만, 우리는 사이버네틱 인터내셔널Cybernetic International이 그 선조인 사회주의인터내셔널Socialist International보다 나은 것이 없음을 매우 분명히 알 수 있다. 인터넷 또한 결국에는 무엇보다도 은행, 다국적 통신 회사, 거대 소매 기업, 군산복합체 등을 부유하게 만들고 통제 사회의 더듬이를 강화했다. 예상 밖의 독점이 상업과 광고에서 발달해 인터넷이 촉진하려던 바로 그 민주주의를 위협하고 있다. 사람들 사이의 장벽이 무너진 속도만큼 빠르게 다시 세워졌다. 문화 간 대화가 악화되어 정체성주의 갈등이 생겼다. 사회연결망이 알고리즘 거품이 되어 그 속에서 분개한 목소리는 반향실에서처럼 자신에게 되돌아온다. 일설에 의하면, '공유경제sharing economy'의 주된 성취는 '인지자본주의 cognitive capitalism'[22]에 공짜 노동을 공급한 데 있다. 게놈genome 기술도 시인 브로티건이 꿈꾸는 '사이버네틱 생태계'를 변질

시켰다. 요컨대 분권화는 다시 중앙집권화되었으며, 따라서 이제는 컴퓨터를 전염병으로 보고, 인터넷 해체, 4대 기술 기업의 국유화, ('독점금지법'이 거대 석유 회사를 해체한 것처럼) 빅데이터 독점기업의 해체 등을 요구하는 좌파 지식인들이 점차 늘고 있다.[23]

이 모든 것에도 불구하고, 정보화 유토피아는 존속했다. 특히 1980년대 사이버펑크족은 인터넷의 문제점은 인터넷이 잘못된 방식으로 분권화된 것일 뿐이라고 주장했다. 알렉산더 갤러웨이Alexander Galloway[24]의 『프로토콜: 분권화 이후 어떻게 통제가 존재하나Protocol: How Control Exists after Decentralization』(2004)에 의하면, 테크노 히피들은 인터넷이 집중화된 케이블과 서버 물류logistics에 기반하며, 그래서 악의적 행위자들이 모든 가

---

22 산업자본주의에 이은 새로운 자본주의 형태로서 인간의 지식, 인지 과정 및 정서의 결과물이 생산·유통·소비되는 자본주의 체제다 _옮긴이.

23 우리는 예브게니 모로조프(Evgeny Morozov, 1984~), 카먼 에르모시요 (Carmen Hermosillo, ?~2008), 버나드 스티글러(Bernard Stiegler, 1952~ 2020), 리처드 바브룩(Richard Barbrook, 1956~), 다큐멘터리 영화제작자 애덤 커티스(Adam Curtis, 1955~) 등을 인용할 수 있다. 특히 커티스가 제작한 성공적인 TV 다큐멘터리 시리즈는 브로티건의 사이버공동체주의 시 「은총의 기계가 모두를 지켜보네」를 제목으로 채용하고 있는데, 그 제목의 의미가 매우 역설적임이 곧 드러난다.

24 미국 뉴욕대학교 미디어학과 교수(1974~)다 _옮긴이.

용 데이터를 삼키고 데이터 독점이 생기게 된다는 것을 너무 빨리 망각했다고 했다. 1998년 존 페리 발로John Perry Barlow[25]는 국제인터넷주소관리기구Internet Corporation of Assigned Names and Numbers: ICANN의 인터넷 통제에 항의하며 "사이버공간 독립선언문Declaration of Cyberspace Independence"을 발표했다. 2002년 미디어 이론가 매켄지 와크McKenzie Wark[26]는 『해커 선언문A Hacker Manifesto』에서 정보 흐름을 교란하자고 촉구했다. 통제 사회와 디지털 자본주의에 저항하기 위해 온갖 종류의 도구 — 연결을 익명화하고(TorThe Onion Router 또는 VPNsVirtual Private Networks), 사적 메시지를 암호화하며Pretty Good Privacy: PGP, 개인 대 개인Peer to Peer: P2P 연결망을 만드는 여러 기술 — 를 개발한 사람들은 바로 그러한 사이버펑크족이었으며 실로 비트코인의 길을 닦은 사람들도 그들이었다.

그러나 사이버펑크족은 정보 '시장'이 그 사용자들에게 힘을 실어줄 것이라고 생각하는 함정 — 마르크스가 이미 비난했던 함정 — 을 피하려고 했지만 그렇게 성공적이지 못했다고 말할 수 있을 것이다. 정말이지 어떤 경우에는 그들이 인터넷 구조를

---

25 미국의 시인, 문필가(1947~2018)다 _옮긴이.
26 호주 태생의 작가, 미디어학자(1961~)다 _옮긴이.

바꾸었다기보다 자본주의를 위해 훨씬 더 큰 돌파구를 열었다. 결국 다크 웹Dark Web[27]에서 한 발짝만 벗어나면 조세 도피처다. 규모의 문제만 제외한다면 영화 해적질, 우편함, 여러 종류의 누설, 마약 밀매 등을 둘러싸고 회사 사장이 해적인지 아닌지 분간하기 어렵다. 그럼에도 사이버펑크족은 사이퍼펑크족cypherpunks[28]을 위한 길을 닦았으며, 후자는 다시 전체 인터넷을 새로운 차원으로 이동시키게 되었다.

---

27 특정 소프트웨어로만 접근할 수 있는 웹으로 범죄나 성인물 유포 등에 쓰인다 _옮긴이.

28 암호(cypher)와 부랑자들(punks)의 합성어로서, 강력한 암호 기술을 활용해 인터넷에서 펼쳐지는 대형 권력의 감시와 검열에 맞서 개인의 자유를 추구하는 사람들을 뜻한다 _옮긴이.

제3장

민주적 중앙집권주의에서
분권화된 합의(컨센서스)로

비트코인은 분권화된 방식으로 컨센서스를 생성하기 위한 프로토콜이다. 이러한 의미에서 비트코인은 경제적·금융적 기술이기 이전에 정치성이 강한 기술이다. 그리고 특히 이러한 의미에서 비트코인은 카를 마르크스의 꿈이 현실이 된 것이다.

블록체인 이전에는 컨센서스와 분권화 사이에서 선택하는 것이 필요했다. 당신은 무정부 상태 편이 아니면 통제 사회 편이었다. 컨센서스 성취는 중앙 기관이 공동체 구성원의 의견을 통제·인증해야 한다는 것을 상정했다. 예를 들어 중복 투표자가 없도록 투표지를 수거해서 세는 것은 입회인의 일이다. 그리고 은행이 그와 비슷한 역할을 한다. 수표, 카드 또는 페이팔PayPal(온라인 결제 방식)로 결제가 이루어질 때 그 발행 은행과 채권 은행은 일정 금액이 A은행 장부에서 지워져 B은행 장부로 옮겨지도록 자신들의 회계 원장元帳에 기재하기로 합의한다. 그리고 이 일은 딱 한 번 이루어지는데, 그렇지 않으면 '이

중 결제'에 의한 사기 거래가 가능해질 것이다.

집합적 표현을 인증하는 제3자는 그 성격상 신뢰받는 제3자여야 하는데, 그렇지 않으면 전체 과정에 결함이 생긴다. 그러나 또한 제3자가 부정직할 수 있고 컨센서스를 남용해 자신의 이익을 취할 수도 있다. 마르크스와 프리드리히 하이에크가 주장했듯이 그리고 그들에 앞서 마르틴 루터와 장 자크 루소가 주장했듯이 이런 예는 차고 넘친다. 이런 이유에서 사토시 나카모토의 발견이 중요한데, 그는 어떤 매우 구체적인 조건에서 소프트웨어 프로토콜이 그처럼 신뢰받는 제3자 없는 거래를 가능하게 만든다는 것을 알아냈다.

그런 발견이 이루어진 것은 사토시가 '비잔틴 장군들 문제 Byzantine Generals Problem'라고 하는 게임이론 문제를 푸는 데 성공했을 때였다.[1] 이 문제는 각자 부대를 거느리고 한 도시를 포위한 여러 장군들이 일정한 여건에서 공동의 전략, 공격 또는 퇴각에 합의하는 것이 가능한지 여부를 결정하는 문제다. 그들이 처한 여건은 다음과 같다. ① 무조건적인 공격이나 퇴각은

---

1 사토시 이전에 이 해법을 찾은 선구자들이 있었음을 언급해야 하는데, 특히 애덤 백(Adam Back, 1970~), 닉 자보(Nick Szabo, 1964~), 웨이 다이 (Wei Dai, 신원이 불명인 중국인 컴퓨터 엔지니어), 할 핀니(Hal Finney, 1956~2014) 등을 들 수 있을 것이다.

재앙이 될 것이다. ② 장군들이 서로 격리되어 있어 손을 들어 전원 일치 표결을 할 수는 없으나 서로에게 메시지를 보낼 수는 있다. ③ 장군들이 서로 소통하기 위해 보내는 사자가 실종되어 메시지가 도달하지 않을 수 있다. ④ 일부 장군은 부패했거나 적의 회유에 넘어갔으며, 모순된 메시지를 보낼 수도 있다('퇴각하고 공격하라'). 달리 말하면, 이 문제는 여러 사람들 가운데 아무도 믿을 사람이 없을 때 (즉, 중앙집권화된 통제 기관이 없을 때) 어떻게 그들이 합의, 즉 컨센서스에 도달할 수 있는가이다.

이 문제에 대한 사토시의 해법은 3단계로 진행되었다. 그는 먼저 ① 투표 명부가 모든 장군에게 제시되고 장군들이 서로에게 보내는 메시지에 포함되어야 한다고 서술했다. 다음으로 사토시는 이 명부에 기록된 투표의 고유성을 확보하기 위해 ② 하나의 선택('공격' 또는 '퇴각')에 찬성하는 투표는 '고유성 증명'에 근거해야 한다. 그 투표가 양피지 맨 밑에 단순히 서명하는 것(위조하기 너무 쉬움)일 수는 없기 때문에 사토시는 대안으로 일종의 '퍼즐'을 생각해 냈다. 장군들마다 한 암호를 풀어야 하는데, 이것은 각 '서명'의 구성 요건에 대한 해법이다. 그러나 암호 해독은 일정한 시간을 요하기 때문에 사토시는 투표 과정이 제한 시간(퍼즐을 푸는 데 걸리는 시간과 정확히 같음) 내에 진행되어야 한다고 부언했다. 그렇게 진행하면 두 암호를 푸는 것이 불가능할 것이고 따라서 모순된 두 메시지에 '서명'하는 것도 불가능할 것이었다. 끝으로, 사토시가 푼 마지막 문제는 모두가 똑같은 투표 명부를 가지도록 만드는 것이었다. 이를 위해 사토시는 ③ 장군들마다 자신의 투표를 다음 장군의 투표와 '사슬로 묶도록chain' 의무화했다. 그러면 사슬 내 일부 요소가 수정될 경우, 전체 명부가 바뀔 것이었다.

장군을 컴퓨터로 치환하고 장군들의 투표를 컴퓨터들이 서로 교환하는 정보로 치환하면, 바로 비트코인이다. '장군들'은 개인 대 개인P2P 연결망으로 조직화된 컴퓨터들이다. 그들이 공유하는 원장은 그들이 서로에게 보내는 모든 메시지를 담아 회람되며, 그들이 편지를 보내려면 메시지와 함께 '작업 증명proof of work'을 제시해야 한다. 이 작업 증명은 푸는 데 10분이 걸리는 암호에 대해 해법을 찾는 일이다(이 해법을 제공하는 것이 '채굴'임). 각각의 '투표' 행위가 시간이 찍힌 블록을 형성하는데, 이 블록은 명부에 새로 올라온 것이 합법적인지 여부를 점검한 후 이전의 블록과 사슬로 묶인다(그래서 '블록체인'임). 이 입증을 수행하는 각 '노드node(교점)'는 암호화된 블록 정보를 읽을 수 없으나 블록 사슬이 바르게 통합되었는지 여부는 알 수 있다.

엄격히 말해서 하나의 비트코인bitcoin[2]이라는 것은 사슬에 새 블록이 만들어질 때마다 채굴자(예컨대 암호를 풀기 위해 컴퓨터를 사용하는 개인이나 단체를 말하며, 그 암호가 블록체인을 이중 기재로부터 안전하게 지킴)에게 주어지는 영수증이다. 비트코인을 이렇게 표현하는 것이 아주 옳은 방식은 아닌데, 그 이유는 코인이 사실상 블록 자체의 일부, 즉 블록에 들어 있는 기재 공간이기 때문이다. 블록에 들어 있는 압축된 정보를 이용하는 것은 권리다. 그리고 그렇게 해서 코인이 가치를 가질 수 있다. 블록체인에 기재 허락을 받아 소유하는 것은 웹에 'http:// 주소'를 소유하는 것이나 건물 내 주차 공간을 소유하는 것과 같다. 주차하려는 입주자가 많을수록 그리고 새로운 주차 공간을 만들 여지가 적을수록 주차 공간의 가치는 커진다.[3]

---

2 여기서 'bitcoin' 표기는 소문자 b를 사용했다.

3 그러나 비트코인의 희소성 자체는 그 가치를 설명하지 못하며, 그 가치는 그 유용성에도 있다. 제프리 터커(Jeffrey Tucker, 1963~)는 『어떻게 P2P는 조금씩 세계를 자유롭게 하고 있나(Bit by Bit: How P2P is Freeing the World)』(2015)에서 어떻게 비트코인의 가치가 비트코인이 대체하는 다른 결제 방법의 '마찰'과 연계되어 있는지 잘 설명하고 있다. 예를 들어 일국에서 타국으로의 송금 비용이 약 15달러라면, 비트코인은 아무런 은행 수수료 없이 사람 사이에 보내짐으로써 절약되는 마찰 비용 15달러의 '가치'가 있다. 환율을 통제하려는 정부 또는 심지어 외환 부족 시기에 국민들 계좌에서 돈을 뺏으려는 정부가 해외 송금을 금지하는 곳에서 비트코인은 훨씬 더 '가치'가 있다. 즉, 비트코인은 국민들이 비트코인을 통해 우회할 수 있는 그 금

채굴자·사용자·노드 조합이 비트코인Bitcoin, 즉 정보를 교환하기 위한 프로토콜을 구성한다. 여기서 정보는 완전히 투명하고(모두가 정보가 기재된 명부의 사본을 가지고 있음), 분권화되어 있으며(아무도 정보에 대한 통제권이 없음), 위조할 수 없고(작업 증명에 의해 입증됨), 해독할 수 없으며(정보가 암호화되어 있음), 불가침이다(사슬의 온전함이 끊임없이 점검됨).

비트코인은 흔히 '신뢰가 필요하지 않은 교환'으로 묘사된다. 이것이 사실인 까닭은 전체 프로토콜과 그 행위자들에 대해 믿음을 가지는 것이 가능하기 때문이다. 이 믿음은 각자가 하는 것을 '입증'할 수 있는 가능성에서 나온다. 채굴자는 코더들coders ─ 이들의 작업이 채굴자에게 고정소득을 제공함 ─ 을 감독할 수 있기 때문에 비트코인을 신뢰할 수 있다. 사용자는 채굴자를 모니터할 수 있고 채굴자들이 네트워크 노드에서 진행되는 코더들의 명시적 규칙을 준수한다고 확신할 수 있기 때문에 비트코인을 신뢰할 수 있다. (사용 중인 프로그램을 작성하는) 코

─────────

지만큼 가치가 있다. 비트코인은 당신이 당신의 돈을 마음대로 쓸 수 있다는 데 또는 돈 보유가 허용된다는 데 ─ 은행 계좌가 필요 없다고 간주되는 10억 명 이상의 세계 인구는 실제로 그렇지 못함 ─ 부여하는 가치만큼 값어치가 있다. 끝으로, 지폐를 찍어내거나 금리를 변경함으로써 통화의 가격을 조작하는 국가에서는 2100만 개 한도의 비트코인이 돈 가치가 떨어지는 만큼 더 많은 가치를 가진다.

더들은 채굴자들이 네트워크를 안전하게 지키는 활동을 통해 네트워크의 신뢰성을 확보한다는 것을 알기 때문에 비트코인을 신뢰할 수 있다.

사실 코더들, 사용자들, 채굴자들이 하나의 공동체를 형성해 비트코인 권력을 입법(코드), 집행(사용), 사법(입증)으로 분담한다. 그래서 비트코인은 일종의 국가이며 자체 헌법을 가지고 있다. 이 세 권력이 프로토콜을 변경하기로 합의하지 않고서는 아무것도 할 수 없다. 하지만 이들이 합의에 이르지 못할 경우, 어느 계급의 51퍼센트가 무슨 수를 써서라도 한 방향으로 가겠다면 사슬이 갈라질fork 수 있다. 그러나 확실히 이런 일은 대가를 치를 것이다. 갈라질 때마다 가치가 파괴되고 신뢰가 떨어진다. 따라서 컨센서스 구축이 극히 중요하며, 이는 '비트코인 공동체'에 속한다고 자처하는 사람들이 수행할 근본 활동이다.[4]

---

4   경제학자 야니스 바루파키스(Yanis Varoufakis, 1961~)와 철학자 자야 클라라 브레케(Jaya Klara Brekke)와 같은 비평가들이 비트코인에 대해 제기하는 비난 가운데에는 비트코인이 민주적 거버넌스를 결여한다는 주장이 있다. 그들의 주장에 의하면, 비트코인이 '정치 문제 해결하기'라는 환상을 지님에도 불구하고, 비트코인이 프로토콜의 알고리즘 관리에 주는 믿음이 코더들과 나아가 채굴자들에게 과도한 권력을 부여한다 — 사토시 나카모토, 『백서(The White Paper)』(Ignota, 2019) 참조. 그러나 비트코인을 끌고 가는

그러므로 크립토 무정부주의자들처럼 '분권화된 컨센서스'에서 '분권화된'이라는 단어만 취하는 것은 잘못이다. '컨센서스'라는 단어가 훨씬 더 중요하다. 비트코인 하나의 가치는 그 뒷받침이 되는 네트워크와 불가분이다. 비트코인은 마르크스주의 용어로 '사회적 관계'다. 실로 그것이 비트코인의 전부다. 비트코인은 비트코인을 생산하는 사회적 기관social body의 에너지 결정체다. 프로토콜이 폐지하는 중앙 권한 — 은행, 국가 — 은 사실상 그 프로토콜을 품은 기관을 통해 분배된다. 이는 사

원동력은 집단적 숙의의 힘을 보여주는 2016년 사례가 있다. 당시 비트코인 사용자들(정확하게는 노드 소유자들)이 포럼에서 치열한 토론을 거쳐 한 프로젝트를 물리쳤는데, 그 프로젝트는 블록 저장 용량을 늘리라고 채굴자들이 중앙에 요구한 것이었다. 실제로 합의를 찾지 못한 결과, 비트코인은 대립하는 두 갈래, 즉 BTC와 BHC로 '갈라졌다'. 달리 말하면, '정치 문제'가 비트코인 자체에 의해 해결된 것이 아니라 진실 경쟁을 벌이는 자연의 '종(species)' 형태로 비트코인이 살아가는 블록체인 생태계에 의해 해결되었다. 이것은 사실 앨런 튜링(Alan Turing, 1912~1954)의 사고방식과 매우 가까운데, 튜링은 논증 불능의[괴델(Gödel)의] 수학적 진실은 (형태발생과 같은) 자연적 진화에 의해 해결되어야 한다고 생각했다. 그리고 이러한 방식을 화폐 정책의 논의 수준에 완벽하게 옮길 수 있을 것이다. 예를 들어 유통 비트코인의 수를 증가시킬지 여부, 약간의 인플레이션을 영구히 일으킬지 여부, 거래에 대해 과세할지 여부, 수취한 이윤을 재분배할지 여부 등을 결정하는 것이 필요하다면, 이러한 방식이 똑같이 적용될 수 있을 것이다. 테조스(Tezos, 코인의 일종임 _옮긴이)와 같은 프로토콜은 이러한 논의를 컨센서스에 도달하는 분권화된 방법을 통해 '온체인(on-chain)'에서 진행하자고까지 제안한다.

회의 모든 수준에서 컨센서스를 강제로 이행하는 것이다. 이 것이 곧 문자 그대로 소비에트 '민주적 중앙집권주의'의 성공 적인 버전이다(여기서 '중앙집권주의'는 이제 '컨센서스'를 의미하 고 '민주적'은 이제 '분권화됨'을 의미함).

제4장

완전 자동화된 블록체인 공산주의

암호화폐의 선구자 중 한 사람인 나발 라비칸트Naval Ravikant[1]가 블록체인이 작동하는 방식을 시장과 국가의 중간이라고 잘 요약했다.

그에 의하면, 여러 가지 유형의 집단적 조직은 '포괄inclusion'과 '선별selection' 사이의 균형을 취하는 능력에 따라 그 순위를 매길 수 있다. 가장 선별적인 조직이 최적이지만, 가장 덜 포괄적인 조직도 최적이다. 하나의 예를 들자면, 현대 은행의 기원인 프로테스탄트 트러스트Protestant Trusts는 신중하게 선별한 소수의 파트너들을 끌어 모았다. 또 다른 예인 대학은 더 폭넓게 받아들이지만 실력을 대단히 중시한다. 이 척도의 다른 쪽 끝에는 가장 개방적인 네트워크, 예컨대 민주국가가 있다. 민주국가는 정당들 사이의 신뢰가 낮고 개인들이 천차만별이기 때

---

1   인도 출신의 미국 기업가, 투자자(1974~)다 _옮긴이.

문에 비효율적이다. 그러나 효율성에서 부족한 것이 군집mass 효과를 통해 포괄성에서 보상된다. 이러한 양극단 사이에서 군집 효과와 실력주의를 결합시키는 방법을 찾은 네트워크가 있으니 바로 시장이다. 시장은 정의에 의해 모두에게 개방되어 있지만 진입 요건, 즉 '리스크'가 있다. 이 리스크로 인해 시장은 개방적인 동시에 선별적이다. 시장은 엘리트주의와 평등주의의 양면을 가진 엘리트평등주의elitarian인데, 이 조합이 매우 견고해서 시장이 점차 정부보다 더 강력해졌다. 그러나 시장은 한 가지 약점을 가지고 있다. 즉, 시장은 오로지 금전적이고 따라서 시장 참여는 오직 돈 벌기의 문제다. 마음에서 우러나는 선의로 시장에 진입하는 사람은 아무도 없다. 이 증거를 들자면, 미세한 리스크 신호에도 모두가 황급히 흩어지고 시장은 격렬한 위기로 흔들린다. **회사에 대한 애정**affectio societatis이 시장을 규율하지는 않는다. 각 회사는 종업원들에게 사업 성과를 배분하거나 효과적인 기업 문화를 창조함으로써 어느 정도 이러한 애정을 유발할 수 있지만, 그 힘은 제한적이다. 실직에 대한 두려움이 훨씬 더 효과적이다. 역설적이지만, 그래서 시장은 보기보다 더 취약하며 그 취약성이 모두를 위협한다. 즉, 어느 순간에 시장이 폭삭 망할 수 있다. 이것이 시장이 국가를 필요로 하는 이유다. 즉, 주저하는 시민들을 강제로 시장에 진입시키기 위해 국가를 필요로 한다.

블록체인은 그와 같은 문제가 없다. 블록체인은 구성원들의 헌신과 그 공유물에 대한 애정을 보상한다. 블록체인은 회사에 대한 애정을 시장으로 끌어들이고 충성심을 소중히 여긴다. 블록체인은 당신이 네트워크에서 교환할 뿐만 아니라 그 네트워크를 교환의 대상으로 만들도록 초대한다. 블록체인에서 우리는 공복公僕이며 네트워크의 공복이다. 그 점에서 더욱더 이 네트워크가 바로 우리이며 우리 것이다. 이리하여 블록체인은 민주주의의 공개성과 실력주의적인 시장의 효율성을 결합시킨다. 단순히 돈 문제를 넘어서, 블록체인은 민주주의 자체를 모종의 보상을 받아 마땅한 노동으로 생각한다. 이렇게 해서 블록체인은 공·사public and private 간 힘의 균형을 역전시키고 공산주의로 향하는 길을 닦는다.

정치인들은 국가를 회사로 비유하기를 좋아하는데, 특히 사업에 성공한 정치인들이 그러하고, 유권자들에게 자신이 국가와 민생을 번성시킬 것이라고 인식시키고 싶어 하는 정치인들이 그러하다. 자기 회사를 위해 죽고 싶은 사람이 아무도 없는 한, 이 비유는 사람들을 오도한다. 게오르크 헤겔Georg Hegel[2]이

---

2 독일의 철학자(1770~1831)로 독일 관념론을 완성했다 _옮긴이.

분명히 알았듯이, 죽음은 모든 사회의 주춧돌이다. 국가는 회사도 아니고 시장도 아니다. 국가는 사회적 조직으로서 공유자들의 집합체. 건물이 화재에 연소되어 무너지면 그 입주자들도 모두 죽는다. 한 주민이 전염병에 걸렸는데도 다른 주민들이 그를 돌보지 않는다면, 그들도 모두 죽을 것이다. 콜레라[3]가 19세기 파리 중심지의 빈민 구역에 사는 룸펜 프롤레타리아lumpen proletariat 인구를 몰살시키고 서쪽 파리에 사는 상류 계급을 위협하자 비로소 최초의 공공 보건 정책이 발표되고 마침내 부르주아가 납세의 중요성을 이해했다. 따라서 국가는 이미 블록체인처럼 직관적으로 기능한다. 공동체는 공동선을 위해 리스크를 감수하는 시민들에게 토큰token에 상당하는 조세 감면을 제공함으로써 그들의 공헌을 보상한다. 공무원에게 지급되는 봉급은 사회의 '채굴자들'에게 보상하는 또 다른 방식이다. 블록체인에서처럼 교사, 우편배달부, 군인 등은 전체 공동체를 위해 근무하는 대가로 (재무성) 증권을 지급받는다. 마찬가지로 정당과 노조는 그들이 획득한 표의 대가로 공금을 받는다. 즉, 어느 의미에서 그들은 공동소유의 주택단지 관리인처럼 돈을 받고 공동체를 이끈다.

---

3 이 책은 코로나19 팬데믹(Covid19) 이전에 쓰였다 _편집자.

그러나 국가의 이러한 블록체인화는 중간에서 멈춘다. 예컨 대 비록 투표가 정당이나 노조의 일만큼이나 공동체에 중요하고 실로 훨씬 더 근본적이라고 할 수 있지만, 우리가 돈을 받고 투표하는 것은 아니다. 투표는 일이 아니라 의무로 간주되며, 심지어 국민이 보상을 기대하기보다 감사해야 하는 선물로 간주된다(그리고 이는 오랫동안 '검열' 민주국가에서 사실이었음). 쓰레기 분리하기, 석유 유출로 오염된 해변 청소하기, 교육·사회 활동에 참여하기 등의 활동 또한 무보수다. 요컨대 공동체 생활에 대한 완전한 무관심이 있지만, 아마르티아 센Amartya Sen[4] 이 '힘 돋우기empowering'라고 부르는 이런 모든 활동 덕분에 우리는 소극적 자유 — 국가는 오로지 부담이 되고·국민은 고객이거나 사용자임 — 에서 적극적 자유 — 모두가 전체의 일부로 느끼고 존중받음 — 로 옮아간다.

이에 대한 이유는 명백한 것 같다. 이 모든 활동에 대해 국민 스스로가 아니면 누가 대금을 지불할 것인가? 그것은 당신이 당신의 돈을 자신에게 주는 것과 같지 않을까? 그것은 추가 세금 — 국가 예산을 위해 지속 불가능한 재분배 형태 — 에 불과하지

---

[4] 인도 출신의 경제학자, 철학자(1933~)로 1998년 노벨 경제학상을 수상했다 _옮긴이.

않을까? 현대 화폐 이론의 지지자들이 보여주듯이, 국가가 발행하는 주권적 화폐로 지불한다면(따라서 국가가 자기앞수표를 쓴다면) 이는 사실이 아니며, 블록체인에 의해 화폐를 발행한다면 더더욱 사실이 아니다. 다시 말해서 현대 화폐 이론의 가르침대로 세금은 국부의 원천이 아니라 국가가 경제에 투입하는 화폐의 과잉 흐름을 규제하기 위한 수단이다. 그래서 세금은 인플레이션에 대처하는 방안인 반면, 블록체인은 '채굴되는' 화폐에 의해 가치가 생산되는 시스템이다. 이런 까닭으로 공동체를 위해 일하는 사람은 누구나 그들이 '채굴하는' 디지털 통화로 보수를 받고 세금은 사실상 이러한 '시민적 보너스'에 명목 가치를 주게 된다. 왜냐하면 세금이 전통적인 화폐 회로 밖에서 국가 블록체인 구성원들 간의 서비스에 대한 지불에 사용될 수 있기 때문이다. 그러므로 어느 국가라도 (적어도) 두 가지 통화를 갖게 되는데, 하나는 거래 통화이고 다른 하나는 주권적 블록체인, 즉 시민적 서비스의 국가 통화다 — 이는 수 세기 동안 사실이었다.[5] 이리하여 국가는 마르크스식으로 표현

---

5 나폴레옹(Napoleon) 시대까지 두 가지 통화가 있었는데, 금은 국제 거래를 위해 사용되었고 합금인 '빌론(billon)' 주화가 국내 거래를 위해 각지에서 발행되었다.

하자면 "각자의 능력에 따라 내고 각자의 필요에 따라 받는" 통화를 획득하게 된다.

더 좋은 것으로, 국가가 주권적 블록체인에 대해 세금을 부과할 수 있을 것이다. 비록 비트코인이 (이론상) 과세 회피를 가능하게 만들더라도, 사실 금전적 교환을 포착하는 블록체인은 세금(재산세가 아니라 훨씬 더 효율적인 거래세지만) 징수를 완벽하게 집중시킨다(이는 크립토 무정부주의자들의 주장과 반대임). 장차 국가가 직접 비트코인을 채굴하기 시작한다면, 현재 채굴자들이 모든 비트코인 교환에 대해 수거하는 비트코인과 거래 수수료를 전체 공동체가 수거하게 될 것이라고 우리는 상상할 수 있다. 이러한 글로벌 '전자 토빈세Tobin e-tax'는 보편적 주택세 housing tax에 상당한 것으로서 국가 인프라를 좋은 상태로 유지하는 데 기여할 것이다. 이는 무조건적 기본 소득의 재원으로서 이상적인 후보가 될 것이다. 마르크스주의자들이 이 원리를 그다지 좋아하지 않더라도 말이다.[6] 이것이 바로 운동가 에

---

6 카를 마르크스는 국가의 역할이 자선을 베푸는 것이 아니라 사람들이 노동의 과실을 향유함으로써 자신을 해방하도록 만드는 것이라고 생각했다. 또한 나중에 미셸 푸코(Michel Foucault, 1926~1984)는 어떻게 때때로 국가가 개인에게 사회적 편익을 제공한다는 구실로(국가가 모든 국민의 건강 상태, 직업 상황, 가정환경 등을 알아야 함) 개인에 대한 통제 증대를 정당화하는지 보여주었다. 그래서 보편적 소득의 역(逆)은 아마도 자동화로 가능해진 상품

런 바스타니Aaron Bastani가 말하는 '완전히 자동화된 화려한 공산주의Fully Automated Luxury Communism'[7]일 것이다.

가격의 단순 인하일 것이다. 아마도 공산주의 사회에서는 생활비를 보조하기보다 물건들이 무상일 것이다. 이것이 루터파(Lutheran)의 무상 은총 약속만큼이나 비현실적인 이유는 모든 것이 무상이라면 모든 것이 순식간에 사라질 것이라고 걱정되기 때문이다. 그러기보다 우리는 기회를 놓칠 것이라는 걱정을 없앰으로써 이러한 걱정의 결과로 벌어지는 폭식을 없앨 수도 있을 것이다. 적어도 이것이 마르크스의 소망이었다.

7 영국의 저널리스트, 운동가 에런 바스타니(1983~)가 2019년 쓴 책 제목이다 _옮긴이.

제**2**부
화폐 생산수단의 집단적 배정

제5장

열(熱)공산주의

전통적인 좌파 지식인들에 의하면, 테크노 히피들이 '지구촌Global Village' 건설에 실패한 또 다른 이유는 인터넷이 충분히 분권화되지 않았기 때문이 아니라 인터넷이 커뮤니케이션을 위해서만 사용되었기 때문이다. 생산수단을 인수해야 자본주의를 극복할 수 있다. 질 들뢰즈Gilles Deleuze[1]는 다음과 같이 말했다.

물론 우리는 각 유형의 사회가 어떻게 특정 유형의 기계와 대응하는지 알 수 있다. 즉, 단순 작동하는 기계는 주권적 사회와, 열역학적 기계는 규율 사회와, 그리고 인공두뇌 기계와 컴퓨터는 통제 사회와 대응한다. 그러나 기계는 아무것도 설명하지 않으며, 우리는 기계가 하나의 부품에 불과한 집합적 장치를 분석

---

1   프랑스의 포스트모더니즘 철학자(1925~1995)다 _옮긴이.

해야 한다. 공개 사이트 접근이 끊임없이 통제되는 형태와 비교할 때, 우리는 과거의 가혹한 제한이 아주 행복했다고 보게 될지 모른다. '커뮤니케이션의 보편성' 추구는 마땅히 우리를 전율하게 만든다.

사실이지 카를 마르크스에 의하면, 국가가 사유화된다면 그것은 나쁜 의도를 가진 사람들이 자신들에게 유리하도록 권력을 남용하기 때문이 아니라 생산 장치가 이미 사유화되고 그 소유자들이 자신들의 이윤을 늘리기 위해 국가를 볼모로 삼아 몸값을 요구하기 때문이다. 그래서 마르크스는 공산당이 국가를 파괴할 책임을 질 뿐 아니라 생산수단의 사적 소유권을 폐지할 과업도 맡아야 한다고 생각했다.

분명히 이 점에서 공산주의와 크립토 무정부주의가 뚜렷하게 구별된다. 생산수단의 사회화는 자유지상주의의 골칫거리다. 비트코인의 첫 '조각'인 제네시스 블록Genesis Block에 ≪더 타임스The Times≫의 2009년 1월 3일 자 헤드라인에서 따온, "2009.1.3 더타임스, 두 번째 은행 긴급 구제 직전의 재무부 장관The Times 03/Jan/2009 Chancellor on brink of second bailout for banks"을 새긴 것은 충분한 이유가 있다. 이것이 가리키는 것은 2009년 서브프라임 위기(공적 자금을 사용해 은행들을 긴급 구제했음) 이후 사토시 나카모토가 새로운 은행 위기가 도래해 은행들이 사적 금융에 의한 긴급 구제 — 개인의 은행 계좌에서 직접 인출이 이루어지는 베일인bail-in(채권자 손실 부담) — 를 받는 사태를 우려했다는 사실이다. 그래서 비트코인은 각국 정부의 탐욕으로부터 사적 저축을 보호하도록 설계되었다. 이러한 보호가 집단 활동에 참여하는 것을 의미하더라도, 그리고 무엇보다도 손실의 '사회화'를 의미하더라도 그렇게 설계되었다.

그러나 또다시 아마 이 점에서 자유지상주의자들은 자각하지 못하는 마르크스주의자일 것이다. 그 이유를 보자면, 비트코인 프로토콜은 인터넷의 'http 프로토콜'과 달리 '커뮤니케이션'을 위한 도구일 뿐 아니라 가치를 전달하는 돈이며 따라서 경제적 행동을 위한 강력한 지렛대다. 또한 비트코인은 은행의 자의적인 권력을 피하기 위해 '화폐 생산수단의 집단적 배정'을 제안하고 있는데, 이 때문에 우리는 비트코인이 공산주의가 진정으로 실현되기 위해 필요로 하는 바로 그 수단이 아닌가 생각할 수 있다. 비록 마르크스 자신은 이를 믿기 어려워했을 테지만 말이다.

왜냐하면 마르크스는 생산수단의 사회화를 고찰할 때 돈에 관해서는 정말로 생각해 보지 않았기 때문이다. 사실 마르크스는 화폐 발행에 관해 특별히 관심을 기울인 적이 없다. 그는 화폐 정책만으로 공산주의 사회를 초래할 수 있으리라고 결코 생각하지 않았다. 마르크스와 달리, 예를 들어 피에르-조제프 프루동은 프롤레타리아의 해방은 부르주아 은행이 발행하는 통화의 해방에 달려 있다고, 심지어 화폐의 전면적 폐지에 달려 있다고 주장했다. 또한 영국인 로버트 오언Robert Owen [2]은 최초로 노동자를 위한 보조 통화를 발명했다. 마르크스는 이러한 대안 통화가 "극장표가 돈이 아니듯이 '돈'이 아니"라고 묘사했다. 그는 이러한 대안 통화를 사장과 노동자 간의 지배 관계와 다르지 않은, 또는 자본축적의 기반이 되는 잉여가치 추출 과정과 다르지 않은 독점 화폐로 보았다. 오히려 그는 프루동 일파가 '페티시' 유혹에 굴복하고 있다고, 자본주의의 '황금열 gold fever' 함정에 빠지고 있다고 생각했다.

마르크스는 화폐 자체에는 가치가 존재하지 않기 때문에 화폐가 추상물이라는 자신의 발견을 매우 자랑스러워했다. 오직 노동만 존재한다. 한 상품에 가치를 부여하는 것은 그 속에 엉겨 있는 노동뿐이다. 이 명제의 뿌리는 부분적으로 헤겔 관념론의 한계에 대한 마르크스의 철학적 성찰, 그리고 게오르크 헤겔과 대조적으로 '유물론' 사상을 세우고 싶어 한 마르크스

2　영국의 사회주의자(1771~1858)다 _옮긴이.

의 욕망이다. 『독일 이데올로기The German Ideology』[3]의 유명한 표현을 빌려 마르크스 유물론에 대해 말하자면, "철학자들은 여러 방식으로 세상을 해석했을 뿐이지만, 요점은 그 세상을 바꾸는 것이다". 그러나 마르크스의 사상에는 다른 뿌리도 있다. 오늘날 우리가 잘 아는 바와 같이, 마르크스 사상에 일부 영향을 미친 것은 그가 당대의 과학자들, 특히 에너지 과학, 즉 최초의 증기기관과 관련된 '열역학'을 발명한 과학자들과 친숙했다는 사실이다.[4] 사디 카르노Sadi Carnot, 루돌프 클라우지우스 Rudolf Clausius, 헤르만 폰 헬름홀츠Herman von Helmholtz, 제임스 프레스콧 줄James Prescott Joule[5] 등의 업적에 매료된 당대의 인물 가운데 마르크스도 있었다. 모든 형태의 일work은 '에너지'에서 나온다는 명제가 그들의 업적에서 비롯되었으며, 따라서 전 우주와 심지어 생명 자체까지도 놀랍도록 단순한 두 법칙을

---

3 1845년에서 1846년 사이에 마르크스와 프리드리히 엥겔스가 공동 집필한 책이다 _옮긴이.

4 엥겔스는 자신의 미완성 저서 『자연의 변증법(Dialectics of Nature)』에서 특히 열역학에 관해 명쾌하게 언급하고 있는데, 이는 그가 마르크스와 열심히 주고받은 서신의 주제였다.

5 카르노(1796~1832), 클라우지우스(1822~1888), 헬름홀츠(1821~1894), 줄(1818~1889)은 모두 19세기 초·중반에 활약한 과학자들이며 열역학을 탄생시킨 선구자들이다 _옮긴이.

따른다는 관념이 보편화된 것도 그들 덕분이다. 그 두 법칙은 에너지 보존의 법칙(어떠한 에너지도 소멸되지 않으며 그 형태만 변할 뿐임)과 에너지의 운동 역량 소진의 법칙(어떠한 에너지도 소멸되지 않으며 희석될 뿐임)이다.

큰 틀에서 마르크스주의는 바로 열역학의 법칙들을 사회와 경제로 확장한 것이다. 실로 이 점에서 마르크스주의는 모든 역경에도 불구하고 아직 유의미하다. 마르크스 이전의 경제학자들이 주로 차용한 과학 모델은 이른바 '균형' 동역학 시스템의 물리학이었는데, 이 시스템은 아이작 뉴턴Isaac Newton[6]이 묘사한 태양계가 그 예로, 작용과 반작용의 결정론적 법칙이 지배한다.[7] 수요와 공급 사이에 완전한 교환 조건이 성립할 때 사회가 최적 상태를 달성한다고 가정하는 이 법칙들이 이른바 신고전학파 경제학의 토대다. 그러나 이제 우리는 이 모델에 결함이 있다는 것을 아는바, 지난 두 세기 동안 발생한 모든 위기를 막을 수 없었다는 것이 그 증거다. 역사는 정시에 뻐꾸기가

---

[6] 영국의 물리학자, 천문학자, 수학자(1642~1727)다 _옮긴이.

[7] 여기에 해당하는 경제학자들이 마르크스 이전의 애덤 스미스(Adam Smith, 1723~1790), 데이비드 리카도(David Ricardo, 1772~1823) 등이며, 마르크스 이후에도 레옹 발라(Leon Walras, 1834~1910), 존 메이너드 케인스(John Maynard Keynes, 1883~1946) 등 일부가 있다.

우는 벽시계가 아니라 내연기관이며, 인간은 자신의 환경에 대해 합리적으로 '작용'하거나 '반작용'하지 않는다. 마르크스와 특히 엥겔스[8]와 더불어 처음으로 충분히 경제가 '비균형' 동역학 시스템의 모델에 입각해 이해되었다. 열역학에 의해 묘사되는 이 시스템은 분자 간의 난폭하고 무질서한 충격 및 예측 불가의 상태 전이를 특징으로 한다. 이것이 '변증법적 유물론' 관념이 가리키는 모델인바, 바로 운동 물질의 과학, 카오스의 과학이다. 역으로 '과학적' 사회주의라는 용어를 제시하는 것이 가능하게 되었다. 과학적 사회주의는 엔지니어들이 증기기관을 통제하는 데 성공했듯이 경제의 열역학을 통제함으로써 사회에서 불평등을 제거하는 과업일 것이다.

사유재산권 폐지는 여기에서 이어진다. 왜냐하면 열역학은 또한 우리에게 이런 기계의 작동에 개입하는 것이 필요하다고 가르치기 때문이다. 그렇게 하지 않으면 기계의 '효율성 감소'가 불가피하다. 즉, 처음에 일정량의 일을 생산하는 증기기관이 다음에는 더 적은 양의 일을 생산할 것이고 이는 소진될 때

---

8 줄(Joule)이 일하던 영국 맨체스터에 엥겔스도 거주했으며, 그는 최신 과학 뉴스를 계속 접했다. 마르크스에게 열역학을 소개한 사람이 엥겔스였을 것이다. 엥겔스는 자신의 저서 『자연의 변증법』에서 열역학에 관해 길게 논하고 있다.

까지 계속될 것이다. 당초 프랑스의 물리학자 카르노가 수행한 이 관찰을 마르크스가 또다시 다음과 같이 사회에 원용했다. 프롤레타리아의 일은 물을 끓이는 열과 비슷하다. 이 열의 일부는 '자유로운 에너지', 즉 물건을 만드는 데 쓰이는 에너지를 생산하는데, 증기기관의 경우에는 피스톤을 가동시키고 자본주의의 경우에는 가치를 생산한다. 그리고 이 일의 일부는 다음 행정cycle(피스톤 작용 등 기계적 현상)을 다시 점화시키는 데 재사용될 수 있는 열을 방출한다. 끝으로, 이 일의 일부는 단순히 소멸됨으로써 보일러에 석탄을 추가 투입하지 않으면, 즉 노동자에게 더 많이 요구하지 않으면 다음 행정에 쓸 수 있는 동력이 감소한다. 이것이 바로 마르크스가 말하는 '이윤율 저하 경향의 법칙'이며, 대자본에 의한 프롤레타리아 소외와 착취를 설명하는 것도 이 법칙이다.

그러나 왜 증기기관의 효율성 감소가 발생하는지는 최근에 와서야 제대로 이해되었다. 모종의 신비한 힘이 동역학 시스템을 소진시켜 죽게 만드는 것(열역학 제2법칙의 의미임)이 분명했지만, 열역학 제1법칙에 의하면 '에너지는 보존되고' 소멸하지 않는다고 한다. 그러므로 각 행정마다 사라지는 에너지가 왠지 '도난'당한다고 여기고 그 에너지를 회수할 방법을 찾을 수 있다면 영구운동perpetual motion의 비밀을 찾는 것이라는 생각에

솔깃할 수 있었다. 마르크스도 부분적으로 이렇게 생각했으며, 엥겔스가 열역학 제2법칙의 유효성에 이의를 제기함으로써 '과학적 사회주의'의 평판을 훼손했기 때문에 우리도 더 그렇다고 알고 있다. 마르크스와 엥겔스의 경우, 에너지 보존의 제1법칙이 제2법칙에 우선했다. 그들은 누군가 — 여기에서는 자본가가 — 사라진 에너지 일부를 '훔치고' 있다고 생각했는데, 그 사라진 에너지가 순환cycle(경제적 현상 등)에 재투입되면 경제가 최선의 성과를 낼 터였다. 이 훔친 에너지가 프롤레타리아의 등골에서 뽑아낸 '잉여가치'이기 때문에 그들은 그 잉여가치를 프롤레타리아에게 돌려주는 유일한 길은 사유재산권을 폐지하는 것이라는 결론에 이르렀다.

그러나 이 점에서 마르크스는 틀렸다. 경제순환에서 자본소득으로의 유출이 있고 이 불평등이 사회 '실린더'에 엄청난 긴장을 — 때로는 폭발 수준까지 — 빚는 것은 확실히 맞지만, 그 긴장이 자본 수확체감의 원인은 아니다. 카르노 다음으로 루트비히 볼츠만Ludwig Boltzmann[9]이 입증했듯이, 결과적으로 에너지가 그대로 있지만 더 이상 일에 사용될 수 없는 약화된 형태다. 달리 말하면, 에너지가 도난당한 것이 아니라 더 이상 아무짝

9　오스트리아의 이론 물리학자(1844~1906)다 _옮긴이.

에도 쓸모없게끔 그 형태가 변한 것이다. 경제순환은 그 과정에서 마르크스가 존재하는지 몰랐던 그 무엇을 잃는데, 바로 **정보**information를 잃는 것이다. 마르크스 사후 오랫동안 그런 순환이 잘 이해되지 못한 데는 상당한 이유가 있었다.

열역학적 순환과정에서 정보의 소진이 가리키는 것은 시간이 흐르면서 온도 차이가 사라지고 에너지가 일할 수 있는 능력이 온도의 불균형에 달려 있다는 사실이다. 실린더 내부 온도와 외부 온도의 차이가 클수록 더 많은 정보가 있으며 더 집약적으로 일이 생산된다. 역으로, 실린더가 그 주변의 공기를 데우면서 온도 차이가 사라지고 온도 차이를 만들기가 점점 더 어려워진다. 요컨대 마르크스의 용어를 차용하자면, 열역학에서 **영구운동 기관**perpetuum mobile[10]은 있을 수 없다. 물리학에서처럼 경제학에서도 일종의 '저주받은 몫' — 조르주 바타유Georges Bataille가 정확히 열역학적 의미에서 사용한 표현임 — 이 있다.[11]

---

10 "화폐는 '[상품] 유통의 영구운동 기관' 기능을 수행한다." 카를 마르크스, 『자본론(Capital)』 제1권(1867), 227쪽 참조.

11 프랑스의 지성인 바타유(1897~1962)는 경제 열역학에 관한 최초의 에세이를 쓰려고 했는데, 그의 이런 아이디어는 핵물리학 연구자 조르주 앙브로시노(Georges Ambrosino, 1912~1984)를 만난 후에 나왔다. 앙브로시노는 1930년대에 바타유에게 에너지 과학과 '엔트로피(entropy)' 개념을 소개했다. 바타유는 엔트로피를 '저주받은 몫'이라고 불렀으며, 그의 저서 『저주받

사실 온도 차이의 생산적 성질은 왜 자본주의가 사회의 '긴장 상태' 유지를 좋아하는지 그 이유다. 자본주의는 사회의 상위 계층으로 올라가려는 욕구에 프롤레타리아를 종속시킨다면 프롤레타리아로부터 더 많은 일을 끌어낼 수 있음을 파악했다. 역으로 마르크스가 불평등에 대해 제안한 요법, 즉 사유재산권 폐지는 매우 반생산적인바, 그 까닭은 사유재산권 폐지로 온도 수준의 균등화가 가속화되고 따라서 공짜 에너지의 추출이 훨씬 더 어려워질 것이기 때문이다.

　물론 사회문제에서 모든 것을 온도 차이로 환원할 수는 없다고 말할 것이다. 이것이 엥겔스가 러시아의 물리학자 세르게이 포돌린스키Sergei Podolinski[12]를 통박한 이유다. 포돌린스키는 노동자 한 명이 시간당 소비하고 생산하는 와트 양을 계산함으로써 유용한 사회주의 과업을 수행하고 있다고 생각했다. 인간은 상징적 존재이지 에너지 기계가 아니다. 인간은 자신들의 균등한 온도(이 경우에는 재산의 균등)를 문화, 사상, 관점 등의 불균등으로 보충할 수 있다. 그러나 마르크스는 무형적

은 몫(The Accursed Share)』(1949)에는 '일반 경제학에 관한 에세이' 또는 '우주의 규모에 관한 경제학'이라는 부제가 붙었다.

12　러시아의 사회주의자(1850~1891)다. 사회주의 사상과 열역학을 접목하려고 시도했다 _옮긴이.

인 차이라도 완전히 추상적인 상태로 남지 않으려면, 그리고 멀건 국물처럼 동질적으로 희석되지 않으려면 물건, 상품, '재산'으로 결정되어야 하고 따라서 재산의 차이로도 결정되어야 함을 짐짓 모른 체했다. 이것은 소련의 몰락에 관해 가능한 하나의 가설을 시사하고 있다. 즉, 소련은 가속화된 열역학적 죽음heat-death[13]에 굴복한 반면[14] 자유 진영은 반대로 같은 기간에 번영했는데, 그 번영은 예를 들어 패션·음악·레저 산업 등 상징적 차이의 시장이 형성되는 것을 허용하고 고무한 덕분이라는 가설이다.

그래서 아마도 마르크스가 정보 개념에 접근했더라면 그 역시 자본주의 극복에 관해 아주 다르게 생각했을 것이고, 아마도 ― 경제 정보economic information의 척도에 불과한 ― 화폐면에서 정확하게 생각했을 것이다.

---

13 엔트로피가 최대가 된 열평형 상태다 _옮긴이.

14 프리드리히 하이에크와 루트비히 폰 미제스(Ludwig von Mises, 1881~1973)는 가격 동결과 더불어 소련 국가계획위원회가 지령한 보수의 수준(실질 가치의 생산과 무관했음)이 이러한 '정보적' 죽음의 기술적 원인이었음을 시사하고 있다.

제6장

자본주의의 화폐제도

열역학적 관점에서 볼 때, 시스템의 엔트로피 증가에 대한 대응 방안으로 유일하게 현실적인 것이 하나 있다. 즉, 개방하는 것이다. 때때로 이러한 대응은 조르주 바타유가 잘 이해했듯이 '저주받은 몫'을 소비함으로써 이루어질 수 있다. 예를 들어 자동차 엔진은 배기관 덕분에 계속 굴러가는데, 배기관을 통해 엔트로피를 밖으로 내보내고 내부에서 온도 차이를 일정 수준으로 유지한다. 때때로 그런 대응은 열 시스템 안으로 정보를 반입하기, 순서를 재조정하기, 온도 차이를 규제하기 등에 의해 이루어질 수 있다. 자동차 엔진의 경우, 이런 역할을 수행하는 것이 냉각 시스템이다. 즉, 이 시스템은 소진된 열의 일부를 회수해서 엔진을 식히는 데 사용하며 이때 냉각수가 쓰인다.

자본가는 본능적으로 이런 것을 갖고 있다. 자본가는 새로운 영토를 식민지로 만들 때마다 자신의 엔트로피를 반출한다. 역으로 자본가는 자신의 잉여가치를 깔고 앉아 있기보다 생산 시설을 현대화하거나 종업원들을 훈련시키기 위해 번 돈을 투자할 때마다 정보를 반입한다. 그는 '생산성'을 향상시키는데, 이는 그가 공짜 에너지 생산에 유리하도록 에너지 소진을 최소화함을 의미한다. 그는 일정한 에너지를 투입해 똑같은 가치를 창조함으로써 효율성 체감의 문제를 해결한다. 고정자본이 '엔트로피 센서' 역할을 하는데, 이것이 자본주의의 기적적인 생존 비결이다. 이런 방법으로 자본주의는 오래전에 자본주의를 파괴했어야 마땅한 모순들을 해소해 내고 있다. 자본주의는 자발적인 정보경제다.

카를 마르크스 또한 이를 희미하게 예견했다. 분명히 그는 자본가 제국주의의 역할을 이해했다. 그는 또한 투자의 동역학에 매료되었는데, 이 동역학은 일정한 조건에서 수확체감의 법칙 — 유명한 열역학 제2법칙으로서 어떠한 동역학 시스템도 소진과 죽음이 불가피하다는 법칙임 — 을 역전시키는 것이 가능하다는 증거이며, 이는 열역학 제2법칙을 의문시한 프리드리히 엥겔스가 아마도 옳았을 것임을 의미한다. 인간의 노동은 '음엔트로피negentropy'일 수 있다. 진화는 앙리 베르그송Henry Bergson의 말처럼 '창조적'일 수 있다.[1] 1859년 찰스 다윈Charles Darwin[2]이 정립한 '종의 진화'는 종들이 일정량의 가용 에너지에서 생산할 수 있는 공짜 에너지의 양을 증가시키기 위해 자신들의 생산성을 끊임없이 증가시키는 길을 보여주고 있다.

이제 이러한 기적을 가능하게 만드는 것은 화폐, 즉 정보를 의미하는 자본이다. 그렇다면 마르크스주의가 상황을 직시하기 위해서는 화폐를 고려하지 않으면 안 된다. 특히 마르크스주의는 사유재산권을 폐지하기보다 화폐의 사유화를 막으려고 해야 한다. 그 이유는 마르크스를 몹시 숭배한 오스트리아 경제학자 조지프 슘페터Joseph Schumpeter[3]가 보여주었듯이, 사유재산의 존재에 대해 궁극적으로 책임이 있는 것은 투자에 대한 접근 기회access to investment의 사유화이기 때문이다. 이것이

---

1   카를 마르크스, 앙리 베르그송(1859~1941), 지그문트 프로이트(Sigmund Freud, 1856~1939), 테야르 드 샤르댕(Teilhard de Chardin, 1881~1955), 조르주 바타유 등 열역학을 다루어야 했던 모든 지성인을 매료시키고 고민하게 만든 것은 열역학 제2법칙이 모든 열역학 시스템은 죽음 또는 휴식을 향해 간다고 언명함에도 불구하고 생명과 복합성의 확산이 목격되고 있다는 명백한 사실이었다. 그래서 이들 모두는 스스로 변칙을 설명하기 위해 모종의 '힘' — 예를 들어 '일'(마르크스), '생의 약동'(베르그송), '생명 본능'(프로이트), '보편적 사랑'(샤르댕) 등 — 을 만들어내려고 했다. 이 자기조직화(self-organization)의 역설을 진정으로 이해할 수 있게 된 것은 오직 '닫힌' 시스템과 '열린' 시스템 간의 차이가 확립되었을 때, 즉 정보의 개념이 공식화되었을 때였다.

2   영국의 생물학자(1809~1882)다. 진화론을 주창했다 _옮긴이.

3   오스트리아 출신의 미국 경제학자(1883~1950)다 _옮긴이.

바로 시장의 비효율을 야기하며, 따라서 시장이 국가를 감추는 경향이 있음을 설명한다.

슘페터가 보기에 자본주의는 투자와 불가분이고, 따라서 (투자에 필요한 화폐에 대해 접근 기회를 제공하는) 신용과 불가분이며, 따라서 화폐와 불가분이다. 자본주의는 그 성장을 지탱하기 위해 영구히 화폐를 창출하고 있는 것이 틀림없는데, 한 기업가에게 화폐를 대출하는 것이 본질적으로 화폐를 창출하는 것이기 때문이다. 다행히도 은행은 이미 계좌에 들어 있는 돈을 대출하지 않는다(그렇지 않다면 파산할 때 모두가 손실을 입을 것임). 현실적으로 은행 주머니에 남아 있는 대출이자를 떠나서 허구의 돈(대출금)이 결국 상환되어 사라진다는 점에서 은행은 그만큼 더 쉽게 화폐를 창출한다. 이는 왜 일국의 화폐 공급이 장기적으로 증가하는 경향이 있는지를 설명한다. 반대로 기업가들의 부채 상환 능력에 대한 은행가들의 신뢰가 떨어진 탓에 돈이 부족할 때는 유동성 경색이 경제의 위축을 일으킨다. 이런 일이 발생할 때 중앙은행은 은행권에 유동성을 주입하며 개입하는데, 최근 '양적 완화' 정책을 통해 시행된 바 있다.

문제는 슘페터의 말대로 기업가들이 투자에 접근할 때 동일선상에서 출발하고 따라서 시장이 효율적이더라도 기업가와 은행가 사이에 근친상간 관계가 급속히 형성된다는 것이다. 한 기업이 성장함에 따라 그 기업의 자금 조달 필요가 점점 커져서 그 필요를 충족시키는 은행을 위험에 빠뜨릴 수 있는 지점에 이르게 된다. 이제 은행은 기업을 심판하고 리스크를 평가할 위치에 있지 않으며 거꾸로 기업에 의존하게 된다. 그리고 기업들이 은행의 선택에 영향을 미칠 수 있으며, 이는 은행이 더 이상 경쟁 원리에 따라 대출하지 않고 투자 기회 불평등의 원천이 되는 리스크를 초래한다.

마찬가지로 힘 있는 기업가는 중앙은행의 금리정책에도 영향을 미칠 수 있는데, 이는 신규 진입 자금을 희생시키고 기성 자금을 우대함으로써 투자에 접근하는 것을 또다시 더 어렵게 만들 것이다. 바로 이런 일이 1970년대 말에 발생했는데, 당시 폴 볼커Paul Volcker 미국 연방준비제도 의장,[4] 로널드 레이건 Ronald Reagan 미국 대통령과 마거릿 대처Margaret Thatcher 영국 총리가 금리를 거의 20퍼센트로 인상했다.[5] 확실히 볼커의 조치 의도는 1973년과 1979년 두 차례 석유파동에서 비롯된 진성 인플레이션을 저지하려는 것이었다. 그러나 레이건과 대처의

4　미국의 경제학자, 경제 관료(1927~2019)다 _옮긴이.

5　레이건(1911~2004)과 대처(1925~2013)는 각각 자신들의 이름을 딴 신자유주의 정책(레이거노믹스와 대처리즘)으로 유명하다 _옮긴이.

의도는 그리 분명치 않았다. 그들은 1950년대 이후 계속해서 부유층이 근로 계층에 입지를 잃고 있음을 가장 두려워했으며, 석유파동 기회를 이용해 부유층에 유리하도록 곡선을 구부리려고 했다. 실로 이 조치의 효과는 급진적이었다. 무산계급(그리고 개발도상국)의 빚이 급증하고 그에 따라 늘어난 청구서에 시달렸다. 이로 인해 그들은 재산 형성의 기회를 영영 놓쳤고 일부는 심지어 파산했으며[6] 투자와 창업 기회도 차단되었다. 반면에 유산계급은 자신들의 돈을 빌려주어 더 부유하게 되었다.[7] 실질적인 '쿠데타'[8]에 해당하는 이런 사태 끝에 결국 자본이 사회를 통제하게 되었다.

자본주의의 '금융화financialization'라는 관념은 흔히 다소 막연하게 사용되지만 실제로는 1980년대 시작된 이 개인적 치부를 위한 **통화 발행의 사유화** 현상을 가리킨다. 그러나 이러한 시스템이 인위적으로 무기한 지속될 수는 없다. 어느 시점에서

---

[6] 똑같은 일이 국제 수준에서도 일어났다. 멕시코와 같은 채무국이 1979년 이후 파산했으며, 이는 신흥국가에서 현재까지 계속되는 통화위기의 대순환을 촉발했다.

[7] 이것이 이른바 '칸티용 효과(Cantillon effect)'다.

[8] 때때로 남용되는 '신자유주의(neoliberalism)'란 용어는 더 정확하게 이 전환점을 가리키는 것으로 사용될 수 있을 것이다.

대가를 치르지 않고서는 돈에 대한 접근을 막을 수 없는 것이다. 슘페터가 보여주었듯이 경제순환은 위기에 의해 끊기는데, 그 위기의 한 원인이 바로 투자의 사유화다. 1992년에 처음으로, 2000년에 다시 그리고 2008년에 또다시 부채 수준이 지속 불가능하게 되고 돈 흐름이 말랐으며 은행은 어쩔 수 없이 정부에 구제를 호소하게 되었다. 은행 부채가 되었던 가계 부채가 이제는 정부 부채가 되었다. 가계가 정부의 자금원이므로 정부는 더 많은 화폐를 찍어 재원을 조달했는데, 최근까지도 수십억 달러와 유로를 은행에 쏟아부었다. 그리하여 기업가에 대한 대출을 멈추지 않았던 은행들은 이미 돈을 가진 기업가들(때때로 경제의 정치적 지렛대를 장악한 사람들과 같은 이들임)에게만 대출했다. 그 결과, 이 돈은 성장의 새로운 순환을 일으키기보다 부동산, 금, 비생산적 상품을 더 구입하는 데 쓰였을 뿐이다. 1930년대 바이마르공화국의 초超인플레이션이 또다시 도래할 것이 틀림없다. 2015년 그리스는 자국 통화를 평가절하할 수 없었기 때문에 어쩔 수 없이 자국 노동력을 평가절하해야 했다. 베네수엘라, 아르헨티나, 브라질이 인플레이션의 악순환에 빠진 것으로 보이며 튀르키예가 지금 그렇게 되고 있다. 금과 부동산 시장뿐 아니라 증권시장도 공짜로 생긴 돈free money이 가득해 지금 과열이다. 전 세계적으로 커지고 있는 포퓰리즘populism 추세는 이 정책이 야기하는 중산층의 프롤레타리아화가 더 뚜렷해지고 심화된 결과다.

앞서 언급했듯이 비트코인은 이러한 통화 발행의 사유화가 제기하는 시스템 위기의 리스크에 대처하기 위해 발명되었다. 그리고 거듭 말하지만 이것이 왜 우리가 비트코인을 공산주의 경제학의 맥락에서 이해해야 한다고 생각하는지 그 이유다.

제7장

빛 좋은 개살구

비트코인을 창조한 사토시 나카모토의 의도는 금융 위기가 재발할 경우에 저축자들이 품은 그들의 계란을 정부 개입으로부터 보호하려는 것뿐만 아니었다. 그는 또한 그 위기의 원인을 다루고 싶었다. 블록체인은 컨센서스를 생산하기 때문에 정보에 에너지의 성질을 부여할 수 있다. 이는 블록체인이 복제 불가 정보non-duplicable information의 생산과 운반을 가능하게 만든다는 의미다. 사실 정보를 전달하는 것은 정보를 공유한다는 의미인 반면에 에너지를 정상적으로 전달하는 것은 에너지를 잃는다는 의미지만, 블록체인에서 정보를 전달하는 것도 정보를 잃는다는 의미다. 그래서 하나의 비트bit가 하나의 코인coin이 될 수 있고 희소성을 지녀 하나의 가격이 매겨질 수 있다. 이 가격은 에너지의 성질을 가진 이 비트-코인bit-coin이 전송속도와 대체 가능성 면에서 정보의 성질도 모두 가지고 있다는 점에서 그만큼 더 높아진 가격이다. 그러므로 블록체인은 화폐 인쇄를 자동화할 수 있고 은행이나 중앙은행까지 대체할 수 있다.

그러나 사토시가 비트코인을 설계할 때 그는 카를 마르크스나 조지프 슘페터가 아니라 프리드리히 하이에크를 염두에 두었다는 것은 인정되어야 한다. 하이에크는 통화가 정치인, 국가 및 중앙은행으로부터 자유로워지면 자유주의의 역기능에 종지부를 찍는 것이 가능할 것이라고 주장했다. 하이에크는 비록 중앙은행들이 그 자신의 '현인위원회' 모델—궁극적으로 만족스럽지 못하다고 그 스스로 깨닫게 되었음—에 따라 설계되었음에도 그렇게 주장했다. 이에 따라 사토시는 발행자 없는 통화로서뿐 아니라 '경화hard currency'—발행이 예측 가능하고 엄격한 규칙에 따르는 통화—로서 비트코인을 구상했다. 경화에 반대되는 것으로, 신용 은행들이 '통화가 생겨라'고 선언할 권력을 부여받아 재량껏 발행하는—그래서 '피아트 화폐fiat money'라는 별명이 붙음[1]—통화가 있다. 생산되는 비트코인의 수는 한도가 2100만 단위로 정해져 있으며 그 발행률 역시 일종의 '디지털 골드digital gold'—금광의 전체 수와 추출 역량은 이미 알려져 있음—모델에 따라 미리 계획되어 있다.

---

[1] 『성경』「창세기」의 "빛이 생겨라(Fiat lux)"를 빗댄 별명이다 _옮긴이.

자유지상주의자들은 이를 잘 이해했다. 그들은 비트코인이 수십 년 동안 기다린 구세주로서 국제통화 체제를 파괴해 자신들의 환상인 화폐의(또는 다른) '경성hardness' 원칙과 일치시키려고 도래했다고 본다. 비트코인이 통용되고 있는 통화들보다 더 좋은 성질(즉, 디플레이션 성질)을 갖고 있기 때문에 그들은 비트코인이 새로운 황금 표준이 될 때까지 다른 통화들과 경쟁해서 점차 그들을 대체할 것이라고 생각한다. 그 새로운 '비트코인 표준'이 1944년 브레턴우즈 협정 이후 국제결제 통화로 확립된 달러화의 부당한 패권을 종식시킬 것이다. 그 달러화는 1971년 리처드 닉슨Richard Nixon[2] 대통령이 금과 달러화 간 평가平價, parity의 종식을 선언한 이후 불환 화폐phoney money가 되었을 뿐 아니라 미국의 대외 정책을 지지하지 않는 사람들을 압박하기 위해 사용되는 폭군의 통화가 되었다. 이와 동시에 자유지상주의자들은 비트코인이 전비 조달을 불가능하게 만들고(전비는 항상 돈을 찍어서 조달되기 때문임), 나아가 소비자 사회에 만연한 끔찍한 도덕적 무질서를 일소할 것이라고 생각한다. 하이에크를 추종하는 그들이 볼 때, 사회의 토대를 좀먹는

---

[2] 미국의 정치가(1913~1994)다. 대통령 재임 중에 워터게이트 사건으로 사임했다 _옮긴이.

쾌락주의는 부채와 쉬운 신용에 그 뿌리가 있다. 디플레이션 성질의 통화는 소비를 억제하는데, 이는 우리가 가진 돈의 가치가 지출하지 않는 동안 매일매일 증가하기 때문이다. 또한 부분적 지급준비금으로부터의 화폐 창출을 금지하는 통화는 신용을 억제하는데, 이는 돈을 빌리는 유일한 길이 저축에 의해 열심히 모아진 기존의 지급준비금에서 빌리는 것이기 때문이다. 그래서 비트코인은 강한 사람과 튼튼한 사회를 특징짓는 인내와 금욕, 검소의 미덕을 고무하기 마련이다. 이와 달리 '연화soft currency'는 모두 도덕적 퇴폐와 군사적 충돌, 경제적 쇠퇴의 시기와 연계된다.

이러한 세계관이 완전히 비호감이 아닌 것은 자각하는 것 이상으로 사회주의 성향이 강한 견해를 표명하기 때문이다. 실은 독일의 사회주의 경제학자 실비오 게젤Silvio Gessel[3]이 이런 종류의 통화 — 그는 '자유통화free currencies'라고 불렀음 — 를 최초로 이론화했다. 그러나 우리는 이런 것이 실행 가능하다고, 또는 의도와 정반대되는 효과를 내지 않으리라고 확신할 수 없다. 예컨대 금본위제나 다른 화폐 표준이 시행된 기간에

---

3 자유화폐론을 주장해 존 메이너드 케인스에게 많은 영향을 끼친 경제학자 (1862~1930)다 _옮긴이.

는 늘 번영과 평화가 있었다고 주장하는 것은 큰 잘못이다. 금본위제가 전면 시행되던 1914년에 세계대전이 발발한 것은 잉글랜드가 금본위제에서 면제되었기 때문이 아니라 금본위제가 전 세계에서 제국주의 긴장을 조성한 것이 그 정확한 이유다. 그리고 1929년 위기는, 또는 적어도 그 위기가 단순한 증시 위기에서 대공황으로 발전한 경로는 금본위제와 연계된 문제로 볼 수 있다.

금본위제의 문제는 시장에서 가용 유동성을 제한한다는 것이다. 달리 말하면, 금본위제는 특히 1929년과 같이 신용 경색이 발생할 때 신용 접근을 극도로 어렵게 만든다. 사실 금본위제는 화폐 사유화의 정점이다. 상대방의 신뢰를 듬뿍 받는 은행 계열사들만 신용 줄을 잡을 수 있다. 그 밖에는 모두 배제된다. 그 지경이다 보니 금본위제의 전성기인 19세기는 빈곤이 만연한데도 엄청난 산업자본이 형성된 시대였다. 엄청난 생산성 증가를 가능하게 만든 증기기관의 발명 — 금본위제와 관계가 없었음 — 이 없었다면, 사회적 재앙이 분명했던 빅토리아Victoria 시대에 경제적 재앙까지 겹쳤을 것이다.

게다가 금본위제조차 헛된 약속이다. 금본위제가 화폐 창출을 막을 수는 없는데, 슘페터가 보여주었듯이 화폐 창출은 경제활동에 내재된 것이다. 우리는 화폐를 창출할 수 있어야 한다. 그리고 한 기업가가 금괴로 필요한 신용에 접근할 수 없다면, 그는 조개 목걸이로 신용을 만들어낼 것이다. 전혀 규제받지 않아 부분적 지급준비금보다 훨씬 더 위험한 지급수단들이 완전히 무정부 상태처럼 급증한 것은 실로 금본위 시대와 일치했다. 예컨대 프랑스 소설가 오노레 드 발자크Honoré de Balzac[4]의 작품에 등장하는 인물들은 항상 빚을 쌓기 위해(그리고 빚을 갚지 않기 위해) 새로운 방안을 강구하고 있는데, 그것은 '환어음'에서 '어음', '담보', '약속어음' 등에 이르기까지 다양했다. 오늘날 중국에서는 비공식 채권시장이 공식 채권시장을 능가한다. 그림자 금융shadow banking이 중앙은행보다 훨씬 더 세계의 안정을 위협한다. 그리고 금gold시장 역시 예외가 아니다. 결국 금 파생 상품, 선물先物, futures, 상장 지수 펀드exchange-traded fund 등은 더 많은 화폐와 유동성을 추출하기 위해 그 콘텐트content와 가치를 희석시킨 부분적 지급준비금이 아니라면 무엇이겠는가?

실제로 존재하는 돈, 즉 우리 수중에 있는 돈은 거대한 화폐 빙산의 작은 일각에 불과하다. 돈은 불어날 잠재성이 있기 때문에 진짜 돈이다. 왜냐하면 무無에서 돈을 창출하는 것은 틀

---

4 프랑스의 사실주의 소설가(1799~1850)다 _옮긴이.

림없이 언제나 가능하기 때문이며, 아마 이것이 돈의 가장 큰 매력일 것이다. 돈이 존재하려면 무엇이 돈인지에 대해 두 사람이 합의하면 충분하다(사용되는 것이 일정한 규칙, 특히 무엇보다도 위조하기 상당히 어렵다는 규칙을 따른다면 그러함). 결국 그런 합의가 비트코인이 가치를 가지는 것을 가능하게 만든다. 이 기적의 이유는 돈이 버트런드 러셀Bertrand Russell[5]이 찾아낸 형식논리의 역설 같은 것, 즉 자기 지시적self-referential이라는 데 있다. 돈은 하나의 콘텐트(내가 수중에 갖고 있는 단위의 수)지만 또한 이 콘텐트의 형식(내가 이 숫자의 단위를 수중에 갖기 위해 지불해야 하는 가격 또는 그 단위를 갖기 위해 지불되어야 하는 추가 단위의 수)일 수 있다. 달리 말하면, 돈은 재화의 가격을 고정시키지만 또한 자체 가격 — 돈에 명시된 가격 — 을 가지고 있다.[6] 이제 쿠르트 괴델Kurt Gödel[7]이 러셀의 역설을 증명했듯이, 역설이 창조되는 것을 막기란 불가능하다. 아마 우리는 반사적 활동

---

5   영국의 철학자, 수학자(1872~1970)다. 1950년 노벨 문학상을 수상했다 _옮긴이.

6   마르크스가 이 점을 이해한 것이 그의 『자본론』 제3장에서 분명히 드러난다. 그는 화폐가 표지(sign)인 동시에 상품(commodity)이라고 말한 최초의 인물이다(대립하는 두 경제학파가 과거에 주장했듯이 화폐는 그 둘 중의 하나가 아님).

7   불완전성의 정리를 증명한 오스트리아의 수학자(1906~1978)다 _옮긴이.

과 비非반사적 활동이 분명하게 분리되는 '깨끗한' 공리 체계를 꿈꾸겠지만, 결정할 수 없는 문제는 항상 있는 법이다. 우리는 늘 돈에 순수한 형식을 부여하는 꿈을 꿀 수 있지만, 그러한 형식을 벗어나는 다른 불순한 돈도 항상 있는 법이다. 돈의 가치가 영구히 고정될 수 있다는 생각은 너무 유치하다.

따라서 사토시가 비트코인을 세웠을 때 그는 이 점에서 틀렸다. 확실히 그는 비트코인에서 많은 가치를 만들었지만 — 투자 수단은 고사하고 — 대단한 교환 수단을 만든 것은 결코 아니다. 그러나 사토시가 그 과정에서 가치의 에덴동산 복귀를 막는 원죄에 굴복했다고 하더라도 우리는 사토시 덕분에 그가 그 원죄를 피하기 위해 할 수도 있었던 것을 언뜻 보게 되었다. 돈은 필요하기 때문에, 돈은 끊임없이 창출되기 때문에, 그리고 문제는 돈이 너무 많이 있는 것이 아니라 돈을 가진 사람들이, 돈으로 이득을 보는 사람들이 자신들의 뱃속을 채우고 경쟁을 왜곡시키고 시장가격을 조작하기 위해 시중의 돈에 대한 접근을 항상 더 어렵게 만드는 것이기 때문에 사토시는 희망 없이 무엇을 강요하려고 하기보다 자신의 창작품을 완전히 풀어놓았어야 한다.

제8장

만인이 은행가다

1970년대 사이버공동체주의자들이 인터넷을 꿈꾸었을 때, 그들은 통일된 글로벌 정보망 덕분에 모두가 고품질의 같은 정보에 접근하게 될 것이라고 생각했다. 실제로는 정반대의 일이 벌어졌다. 인터넷은 파편화되고 빈약한 품질의 정보와 심지어 명백히 조작된 정보 출처의 확산을 초래했다. 그들의 알고리즘 거품 속에서, 추천 프로그램이 그들이 이미 좋아하는 것을 기반으로 해서 보라고 권하는 정보를 모두가 소비한다. 사실 인터넷이 글로벌 미디어를 탄생시키지는 않았지만, 인터넷에 힘입어 모두가 자신의 미디어가 되었다. 카녜이 웨스트Kanye West[1]의 트윗은 이제는 거의 ≪워싱턴포스트The Washington Post≫ 사설만큼이나 중요하다.

블록체인이 똑같은 운명을 향해 갈지 모른다. 오늘날 크립

---

[1] 미국의 래퍼 겸 프로듀서, 패션 디자이너(1977~)다 _옮긴이.

토 무정부주의자들은 예외적 성질을 가진 단일 통화, 즉 새로운 국제 표준인 비트코인이 지구 전체 표면을 덮을 것이라고 생각한다. 그러나 수천 종의 비트코인이 생길 확률이 더 크며, 그 대부분이 대다수 온라인 미디어처럼 형편없는 품질일 것이다. 블록체인 덕분에 모두가 자신의 은행가, 즉 비트코이너가 되는데, 그 단어의 함의를 충분히 이해한다면 그렇다. 이는 모두가 자신의 금고에 귀중품을 보관한다는 의미가 아니라, 모두가 상업은행이나 주권국가처럼 이제 자신의 코인 화폐를 창출할 수 있다는 의미다. 아마도 한 금융거래 프로토콜, 즉 'http 프로토콜'처럼 비트코인Bitcoin 프로토콜만이 — 이 프로토콜에서 유통되는 비트코인bitcoins과 혼동해서는 안 되며, 이 비트코인은 그 프로토콜을 안전하게 지키는 요소일 뿐임 — 미래에 살아남을 것이 확실하다. 그러나 웹페이지처럼 이 프로토콜에서 운영되는 통화가 많을 것이다.[2] 그리고 어쩌면 이것은 가장 공산주의적인 결과일 것이다.

비트코인 창설 이후 '알트코인altcoins'[3]이 가속적으로 급증했

2　　테더(Tether, 암호화폐의 일종) 거래가 비트코인의 '곁사슬' 중 하나인 리퀴드(Liquid)에서 이미 수행될 수 있다. '서로 다른 코인 교환(atomic swaps, 일종의 스마트 계약)'으로 비트코인이 라이트코인(litecoins)으로 마음대로 전환될 수도 있다. 그리고 이것은 시작에 불과하다.

다(현재 2000종이 넘음). 이들 알트코인 대부분은 어떤 특징을 보태어 비트코인을 수정한 것이다. 가령 이더리움Ethereum은 스마트 계약을 실행하기 위해 블록에 코드 라인을 넣을 수 있는 능력을 보탰고, 모네로Monero는 거래의 익명화를 개선했다. 일부 알트코인은 체인의 보안성(지분 입증, 주소 입증, 존재 입증 등)을 수정했다. 해시그래프hashgraphs[4]처럼 블록체인 블록의 변종을 제시한 알트코인도 있다. 그러나 암호화폐 공개Initial Coin Offerings: ICOs 또는 암호화폐 상장Initial Exchange Offerings: IEOs과 같이 회사가 미래의 산물과 교환으로 발행하는 토큰도 있다. 이 경우에 회사는 주식을 발행하거나 은행에 빚을 지는 대신 고객들에게 빚을 진다. 여기서 토큰은 선물gift 증명서 또는 미리 구입한 항공 마일리지와 같은 역할을 하며 장래 구매 시에 공제된다.

앞의 마지막 알트코인 모델은 은행가와 투자자 사이의 근친상간 관계가 가로막는 조지프 슘페터의 투자 문제에서 퇴로를 제시한다는 점에서 특별히 흥미롭다. 기업가들은 화폐를 창출해 신용을 제공하도록 은행에 요청하고(거절당하거나 기존 독점

---

3 'alternative'와 'coin'의 합성어로 비트코인의 대체 코인이라는 뜻이다 _옮긴이.

4 스월즈(Swirlds)사가 만든 분산 원장(distributed ledger) 기술로 블록체인의 대안이라고 한다 _옮긴이.

업체들이 결정하는 불공정 조건을 제시받을 위험을 무릅쓰고) 자신들이 통제하지 못하는 금리 변동에 노출되는 대신에, 자신들의 통화를 창출할 수 있다. (우리가 팔로워들에게 풍부한 정보 콘텐트를 건네고 '좋아요'를 받는 식으로) 발행인에게 토큰을 구매할 공동체가 있다면, 화폐 창출은 더 이상 은행 부채, 즉 자발적인 화폐 생성을 수반하지 않는다. 그리고 또한 이 모델은 은행에 이자를 지불할 필요성을 제거하며, 나아가 화폐 공급의 인위적 팽창과 평가절하 리스크를 제한한다.[5]

그러한 변종들은 가능하다. 가령 베네수엘라 정부가 출범시킨 (암호화폐인) 페트로Petro는 그 나라가 오일달러 시스템에서 자유로운 에너지 통화를 창설할 만큼 에너지를 생산한다는 사실을 이용했다. 오일달러 시스템은 본질적으로 미국 연방준비제도의 과도한 달러화 발행을 정당화하고 실질 가치의 원천으로서 뒷받침한다. 소설가 허버트 조지 웰스Herbert George Wells[6]

---

5 영국 화학자 프레더릭 소디(Frederick Soddy, 1877~1956)는 열역학과 경제학을 명시적으로 연계시킨 최초의 인물 중 하나인데, 그가 1926년 저서에서 주장한 대로 실로 이자가, 특히 복리가 화폐 공급의 유일하게 제대로 '인위적인' 팽창의 원인이라고 주장할 수 있을 것이다. 화폐 공급이 에너지와 정보의 유입과 함께 증가하는 것은 정당하지만, 복리의 '수학적 진행'은 화폐 공급의 증가율을 완전히 이상하게 만든다. 그 결과, 어느 순간에는 복리를 상환하기에 충분한 부를 생산하는 것이 물리적으로 불가능하게 될 지점에 이른다.

는 미래의 '글로벌 브레인' — 인터넷은 그 직계 후손임 — 을 일찍이 예언한 인물인데, 그는 소설 『해방된 세계 The World Set Free』 (1913)에서 환율을 금에 고정시키는 것은 말도 안 된다고 적었다. 그 대신에 에너지 회계 단위를 창설하는 것이 필요하다고 했다. 그러면 에너지를 소비하기 위해 각국 통화의 교환이 가능할 것이었다. 페트로는 이런 종류의 에너지 통화 — 금본위제로 복귀하는 것보다 우리 세계에 훨씬 더 유용함 — 에 가깝다.

또 다른 변종으로 스테이블코인stablecoins[7]이 있다. 국가와 마찬가지로 국민도 지불수단으로서 안정된 통화를 필요로 한다. 그러나 비트코인이 이러한 용도로 사용될 수 있는지는 의문이다. 그 이유는 장기적으로 감소할 그 변동성 때문이라기보다 비트코인 수의 한도로 인한 유동성 부족 때문이다. 앞으로 다음과 같은 양자택일이 발생할 것이다. 먼저 비트코인 공동체가 투표를 통해 그 한도를 없애고, 예컨대 (화학자) 소디의 에너지 통화 모델을 기반으로 유통되는 비트코인의 수를 세계 에너지 소비와 연동시킬 수 있는 새로운 알고리즘을 암호화할 것이다. 이는 비트코인 화폐 공급이 세계의 유동성 필요를 따라감

---

6   영국의 문명 비평가, 소설가(1866~1946)다 _옮긴이.

7   달러화 등 기존 화폐에 고정시킨 가치로 발행하는 암호화폐다 _옮긴이.

으로써 (그리고 경기 침체기에는 수축함으로써) 비트코인을 일종의 슈퍼 페트로화 또는 슈퍼 방코르화super-Bancor[8]로 만든다는 의미다. 이런 일이 발생하지 않으면, 지급 통화 역할을 하는 것은 스테이블코인의 몫이 될 것이다. 국제통화기금과 같은 국가 컨소시엄이 디지털 특별인출권Special Drawing Right: SDR 형태로 스테이블코인을 발행할 수 있을 것이다. 혹은 페이스북Facebook이 최근 암호화폐 리브라Libra를 발표한 것처럼 한 재단이 주도해 스테이블코인을 발행할 수 있을 것이다. 리브라는 지급준비금에 의해 뒷받침되기 때문에 이것이 꼭 화폐 창출은 아니지만, 이론상 페이스북이 부분적 지급준비금에 근거해 신용을 제공하는 것을 막을 길이 없을 것이다. 그렇게 되면 현재 (특히 개발도상국에서) 은행에 접근하지 못하는 수십억 명의 인구가 페이스북을 통해 신용을 얻을 수 있을 것이다. 또한 페이스북이 리브라를 토큰 통화로 만들어 대부분의 실제 사용자들에게 지불한다면, 한 미니 국가의 주요 원칙들이 모두 제자리를 잡을 것이다. 인정하건대 거기에서 시민적 자유가 비트코인에서

---

8 방코르는 존 메이너드 케인스가 제안한 초국가적 결제통화의 이름이다. 방코르는 통화 바스켓에 의해 그리고 일차산품(commodities)에 의해서도 뒷받침되어야 했다. 프리드리히 하이에크도 자신의 탈국가화 통화가 일차산품에 의해 뒷받침되는 것을 구상했다.

처럼 보장되지 않겠지만, 실세계 사용에서는 항상 자유와 기능성 사이에 모종의 타협이 있는 법이다.

이더리움 쪽에서는 이미 다수의 분산금융Decentralized Finance: DeFi 도구들 덕분에 블록체인에서 돈을 빌려주는 것이 가능하다. 생태계에서 가장 인기 있는 스테이블코인인 테더는 그 사용자들 몰래 이미 부분적 지불준비금 체제를 운영하고 있는 것으로 의심된다.[9] 끝으로, 우리는 통화들 간의 상호 운용성을 확보하는 스마트 계약이 될 '통화의 통화currency currencies'를 구상할 수 있는데, 이는 선물futures 같은 것이지만 달러화 등 기준 통화에 의해 뒷받침될 필요가 없다.

이 현대판 보편적 사제직(여기서는 '만인이 사제다'가 '만인이 은행가다'로 대체됨)의 혁명적 결말을 상상하기는 어렵다. 그렇지

---

9 미국 뉴욕 검찰청의 최근 수사에 의하면, 테더의 자매회사인 비트파이넥스(Bitfinex)는 오직 USDT(테더의 다른 이름)를 달러 가치와 교환해 유통시키게 되어 있었을 때 USDT를 투자자들에게 대출하고 있었다. 우리는 비트파이넥스가 크립토 달러화와 대응되지 않은 이 발행 덕분에 비트코인 가격을 조작한 사실이 입증될지 여부를 지켜볼 것이다. 이 경우에 비트파이넥스가 비트코인 가격을 조작하기는 소송사건에서 피고가 판사를 겸하는 경우처럼 쉬울 것이다. 왜냐하면 비트파이넥스도 거래소 플랫폼이기 때문이다. 비트코인에 대한 신뢰가 비트코인이 막으려고 했던 바로 그런 일로 희생된다면, 그리고 미국 연방준비제도가 유로달러 시장을 구제해야 하듯이 비트코인이 구제되어야 한다면 아이러니일 것이다.

만 우리는 카를 마르크스를 모방해 그 결말을 '화폐 생산수단의 집단적 배정'이라고 쉽게 말할 수 있을 것이다. 단언하기는 너무 이르다. 최근 알트코인 시장이 세계적 붕괴를 경험하고, 골드러시 시대를 연상시키는 다수의 사기 사건을 겪었다. 가격 변동성이 통제를 벗어나 때때로 재산이 하루아침에 생겼다가 사라진다. 오늘날 우리가 저축을 몽땅 암호화폐에 쏟아붓는다면 분명히 미친 짓일 것이다. 예상컨대 무정부 상태는 결코 발생하지 않고 장기적으로 오래 기다린 안정이 찾아올 것이며, 따라서 국제통화 체제가 득을 보고 국가도 더 이상 광적인 소방관으로서의 전통적 역할에 뛰어들지 않아도 될 것이다. 렉스 아메리카나Lex Americana(미국에 의한 법)가 더 이상 세계에 강요될 수 없을 것이다.

경제학자 베르나르 리에테르Bernard Lietaer[10]가 말했듯이, 경제는 생태계와 같다. 우리가 한 종의 나무만 심는다면, 속도와 생산성은 증가하지만 진균성 질병이나 산불이 발생할 경우에 모든 것을 잃을 리스크를 안는다. 반대로 우리가 숲의 생물 다양성을 유지한다면, 생산성은 감소하지만 재난에 대한 저항력

---

10 벨기에의 토목 기사, 경제학자(1942~2019)로 화폐에 관해 많은 저술을 남겼다 _옮긴이.

을 크게 확보한다. 통화는 나무와 같다. 오늘날 통화는 모두 서로 얽혀 있고, 모두 중앙은행이 같은 방식으로 발행하며, 달러화가 지배하고 있다. 그리고 모두 같은 목적, 즉 상품 구입과 조세 납부, 부채 상환에 봉사한다. 이에 따라 모든 금융 위기는 전염성이 있어 통화 체제 전체를 휩쓸 위험이 있다. 서로 다른 유형의 다양한 통화가 있어 고르게 확산되며 모두 다른 방식과 다른 용도로 발행되고 다른 속도로 유통된다면, 금융 위기가 자동적으로 통화위기로 전환되지는 않을 것이다. 화폐적 생물다양성이 경제를 보호할 것이다.

보다 좋은 것으로, 자연은 이미 이 모델에 따라 작동하는 일종의 화폐제도를 가지고 있다. 열역학 학자 프랑수아 로디에 François Roddier[11]는 우리 몸이 스스로를 규제하기 위해 사용하는 메커니즘 가운데 하나가 반대 방향의 호르몬 조합이 병행하는 것임을 우리에게 상기시킨다. 교감신경계가 활동 단계를 관장하고 부교감신경계가 수면 단계를 관장하며, 인슐린이 당을 억제하고 글루카곤이 당을 촉진한다. 뜨거운 통화와 차가운 통화의 두 가지 통화를 가진 경제는 그와 똑같은 구성, 즉 적대적 균형 상태에 있을 것이다.

---

11 프랑스의 물리학자, 천문학자(1936~2023)다 _옮긴이.

제**3**부
뉴 인터내셔널

제9장

집단주의 지성

카를 마르크스는 열역학에서 정보가 수행하는 역할을 놓쳤기 때문에 경제에서 화폐가 수행하는 역할도 놓쳤다. 그러나 사회의 열기관을 규제하려는 그의 프로젝트는 오늘날에도 여전히 유효하다.

우리는 '창조적 파괴'(조지프 슘페터)의 순환을 거듭하는 것이 모든 열역학 시스템의 운명임을 안다. 이 순환은 고통스러울 수 있으며 과거와 최근까지도 폭군의 집권을 초래했다. 이러한 순환은 물리학자들이 (루이스 캐럴Lewis Carroll의) 소설 『이상한 나라의 앨리스Alice in Wonderland』[1]에 나오는 등장인물의 이름을 따서 '붉은 여왕 역설Red Queen Paradox' ― 같은 곳에 머무르기

---

1   원서에서는 『이상한 나라의 앨리스』(1865)라고 표기했으나 붉은 여왕(Red Queen)이 등장하는 책은 캐럴(1832~1898)의 후속편 『거울 나라의 앨리스(Through the Looking-Glass)』(1871)다. 원서의 착오로 보인다 _옮긴이.

위해서는 계속해서 더 빨리 달려야 함 — 이라고 부르는 현상에 기인한다. 사실 모든 시스템의 역사에는 환경이 저하되는 속도가 정보가 반입될 수 있는 속도를 능가하는 시점이 항상 있다. 신진대사에서는 세포 재생률이 더 이상 산화에 의한 퇴화 속도와 보조를 맞추지 못할 때 이 현상이 발생한다. 진화의 차원에서는 종의 적응률이 자원의 저하 속도를 따라잡지 못할 때 이 현상이 발생한다. 예를 들어 백악기에는 큰 체구가 식량을 확보하는 투쟁에서 이점이었지만 식량이 희소해지면서 약점이 되었으며, 작은 포유류가 공룡을 대체했다.

경제에서는 생산성 증가가 항상 한계에 도달하는데, 이를 정확히 식별한 마르크스에 의하면, 혁신의 비용이 고정자본 비용을 이윤 발생이 멈추는 지점까지 증가시킨다. 매 혁신 주기마다 경제활동이 급격하게 증가하며, 따라서 일인당 에너지 소요가 감소하더라도 전체 에너지 소요는 증가한다. 그리고 완전경쟁으로 기술 격차가 없어지자마자 이윤율이 다시 떨어지기 시작하기 때문에 곧 지구 전체를 구석구석까지 경작해야한다. 시스템이 폭발할 것처럼 보이는데, 사실 우리가 겪는 위기는 시스템이 일정한 간격으로 폭발한다는 것을 보여준다. 이는 마치 (증기기관) 시스템이 과잉 증기를 내보내기 위해 방출 밸브를 열어야 하는 것과 같다.

평형을 벗어난 동적 시스템에서 우리는 집약적 성장 다음에 침체와 위기 내지 붕괴 사건이 이어지는 순환을 흔히 본다. 이것을 스티븐 제이 굴드Stephen Jay Gould[2]는 '단속적 평형'으로, 페르 박Per Bak[3]은 '임계점'을 둘러싼 자기 조직화로 표현했다. 성장과 성숙(봄과 여름) 기간 다음에 쇠퇴와 동면(가을과 겨울)이 온다. 동물, 인간, 사회가 모두 이러한 붕괴 — 죽음(신진대사 순환), 수면(생물학적 순환), 경제 위기(콘드라티예프 순환[4]) 등 — 의 순간을 경험한다.

어쩌면 이러한 순환은 일종의 운명론적 진실을 담고 있다. 우주는 빅뱅Big Bang 이래 이처럼 운행되어 왔는데, 빅뱅 자체가 '양자 진공의 파동'에서 열역학적 불균형의 결과였을 것이다. 진화는 대량 멸종 사건으로 종지부를 찍는 삶을 위한 투쟁이다. 우리는 그런 투쟁을 벌일 가치가 있는 것인지 의아해할 수도 있다. 결국 우리가 '창조적 파괴'를 논하는 것은 매번의 파괴 후에 더 나은 세계가 출현하기 때문이다. 열역학적 순환은 프리드리히 니체Friedrich Nietzsche를 두렵게 만든 '같은 것의

---

2 미국의 진화론 생물학자(1941~2002)다 _옮긴이.

3 덴마크의 이론물리학자(1948~2002)다 _옮긴이.

4 40~70년을 주기로 하는 경기변동의 장기 순환이다 _옮긴이.

영구적 복귀'가 아니다.[5]

각각의 새로운 순환은 이전의 위기에서 더 강해져서 나온다.[6] 평형을 벗어난 열역학 시스템의 대가 일리야 프리고진Ilya Prigogine[7]이 설명한 대로, 불균형은 자유까지 가능하게 만든다. 안정적인 동적 시스템에는, 신고전학파의 조화 시스템에는, 아이작 뉴턴의 궤도에는, 레옹 발라[8]의 '최적optima'에는 새로움의 여지가 없다. 무질서는 자유와 생명, 정신을 위한 가능성의 조건이다.

우리는 이러한 자유의 원천을 폐지하기를 바라지는 않더라도 경제와 인간을 파괴하지 않는 형태의 파괴를 상상할 수 있다. 정확히 그것은 문명의 위대한 표지標識인 인간보다 그리고 인간 대신에 인형을 파괴하는 것이다. 주인과 노예 사이의 투쟁에서, 폭력의 순환은 언어의 출현으로 중단되는데, 그 언어

---

5 우리가 알기로 니체(1844~1900)는 열역학에 깊은 흥미를 가졌다. 그의 서재에는 열역학의 선구자인 헤르만 폰 헬름홀츠의 저서들이 있었다. 불행히도 니체는 완전히 두려움을 느낀 열역학 제1법칙보다 더 나아가지 않았다.

6 프랑수아 로디에는 이 과정을 '모의 담금질'의 야금 과정에 비유한다. 담금질을 통해, 즉 반복해서 금속을 녹이고 다시 식힘으로써 금속 내부의 결함이 감소된다.

7 러시아 모스크바 태생의 벨기에 화학자, 물리학자(1917~2003)다. 1977년 노벨 화학상을 수상했다 _옮긴이.

8 한계효용이론과 일반균형이론을 정립한 프랑스의 수리경제학자다 _옮긴이.

덕분에 법률 제정이 가능하고 개인 간의 폭력을—규칙에 의해 이 폭력에 대해 독점권을 행사할—상징적 기관으로 옮기는 것이 가능하다. 게오르크 헤겔이 말했듯이 "세계가 폭력에 대해 반박을 피하며, 폭력을 정신과 이성으로 넘겨 거기에 미해결로 남겨두는 것은 지나친 친절이다".

1858년 청년 마르크스는 이러한 노선에 따라 하나의 가설을 내놓았다. 그 가설에 대해서 경제학자 얀 물리에 부탕Yann Moulier Boutang[9]은 얼마나 시대를 앞섰는지 그리고 마르크스주의 근본 사상과 얼마나 깊게 모순되었는지를 감안하면, "매우 충격적"이라고 묘사하고 있다.[10] 요컨대 마르크스는 그의 경제 이론에서 가장 성스러운 기둥인 '가치의 법칙'—가치는 축적된 일과 동등해야 한다는 법칙—이 가까운 장래에 잉여가치 생산에 의해 무효화될 것이 가능하다고 주장하고 있다. 그 잉여가치는 그가 정보라고 부르지 않았지만 정보에 가까운 어떤 것, 즉 사회에 축적된 '지성intelligence'의 총량에 기초한다.

이 이른바 '일반지능General Intellect' 가설은 생산성 증가와 더

---

9 프랑스의 경제학자, 작가(1949~)다 _옮긴이.

10 이 가설의 출처는 마르크스가 1857~1858년 집필한 『정치경제학 비판 요강 (General Introduction to the Critique of Political Economy)』 중 "기계에 관한 단편(Fragment on Machines)"이다.

불어 기계가 매우 강력해져서 사람들이 상품생산 이외의 과업을 위해 해방되는 시기가 반드시 온다는 단순한 사상에 기초한다. 그러나 사람들이 연구하고 발명하는 데 헌신함으로써 이 자유 시간을 정보를 더 생산하는 데 사용한다면, 추가적인 생산성 증가가 가능해서 선순환이 작동한다. 즉, 부가 증가함에 따라 집단 지성이 증가하고, 이는 다시 전체적 부를 증가시킨다. "점차 자본은 집단적 인간두뇌에 의해 창출된 객관적·중립적 권력의 형태를 취한다."

오늘날 이 가설은 마르크스가 전혀 몰랐던 두 가지 열역학 현상에 의해 확인되고 있다. 첫 번째 현상은 평등 문제와 관련이 있다. 종들 간의 전쟁과 인간들 간의 경쟁은 삶의 임종사臨終辭가 아니다. 생물학적 진화주의가 찰스 다윈의 외사촌 프랜시스 골턴Francis Galton[11]이 옹호한 '사회적 진화주의' 이론을 정당화하는 것은 결코 아니다. 골턴은 '적자생존'이 경제의 자연적 조건이라고 말하는 것이 타당하다고 생각했다. 그 이유로 그는 적자생존이 삶의 자연적 조건이며, 따라서 진화론이 자본주의와 불평등의 존재를 정당화한다고 했다. 사실 상호 원조와 협력 현상은 순환이 이어짐에 따라 더 잦아진다. 우리는

---

[11]   영국의 유전학자(1822~1911)다. 우생학의 창시자로 유명하다 _옮긴이.

이것을 플라스마, 즉 모든 입자가 전자기적으로 동기화하는 원자 집단이 나타날 때 본다. 우리는 이것을 협력하는 세균 집단에서 본다. 우리는 이것을 벌과 같은 사회적 곤충에서 그리고 식물과 동물 간의 공생 관계에서 본다. 끝으로 우리는 이것을 우리 자신과 같은 초사회적 동물이 회사, 노조, 정당, 도시, 국가 등 거대한 공동체를 건설하는 데서 본다. 연합을 향한 이 커지는 추세는 결코 갑자기 나타나는 것이 아니다. 그것은 에너지가 점차 정보에 의해 대체되고 있다는 사실에 기인한다. 그러나 정보의 속성 하나는 에너지와 달리 손에서 손으로 전달되면서 소진되지 않는다는 점이다. 에너지는 전달될 때 사라지는 반면, 정보는 받을 사람 수만큼 많이 복제되어 공유될 수 있다. 이는 같은 게놈(같은 유전정보)을 가진 동물들은 서로 같은 종에 속한다는 느낌을 타고난다는 것을 의미한다. 그 동물들은 자발적으로 전체적 뇌를 형성한다.[12] 마찬가지로 같은 언어를 쓰는 사람들은 집단 지성을 발휘할 수 있는 단체를 형성한다. 순환과정에서 더 많은 정보가 축적될수록 그 구성원들 사이에 더 많은 소통이 이루어지며, 따라서 어느 의미에서는 더 많은 '공산주의'가 생긴다.

---

12 이것이 그들이 서로 잡아먹지 않는다는 것을 의미하지는 않는다.

두 번째 현상은 적응과 관련된다. 각 순환마다 (돌연)변이율이 증가한다. 인류가 지금 지구를 지배하는 종이라면, 그 이유를 생각해 보자. 작은 포유류의 적응률은 그들의 게놈 속에 저장된 정보의 변이율에 의해 제약을 받고 있다. 반면에 인류는 우리의 뇌에 정보를 저장함으로써 다른 포유류보다 더 빠르게 변이할 길을 찾았다. 즉, 유전자를 바꾸기보다 정신적 습관을 바꾸기가 더 쉬운 법이다. 우리의 창발성에 힘입어 우리는 동물들보다 훨씬 더 효과적으로 기근과 악천후, 기후변화, 나아가 극한 사태에까지 저항한다. 그러나 정보의 변이율은 잠재적으로 무한하다. 즉, 환경이 저하되는 속도가 정보가 반입되는 광속을 결코 능가하지 못할 지점에 이를 수 있다. 확실히 우리의 두뇌는 이 속도에 이를 수 없다.[13] 그러나 컴퓨터의 속도는 우리의 역량을 훨씬 능가할 수 있다. 컴퓨터가 정보 전달의 속도를 광속까지 증가시킬 수 있다.

특정 사회에서 정보의 증가량이 사회주의를 성취할 만큼 충분한 경우는 없지만, 어떤 환경에서 사회주의 조건이 성취될

---

13 우리 내부의 시계는 분당 40헤르츠의 비교적 저속으로 달리며, 우리 신경세포에서 흐르는 일부 정보는 수성(水性) 매체로 방출되는 호르몬의 속도로 달린다.

수 있는지 상상하는 것은 가능하다. 정보의 반입이 불가역적이고 즉각적으로 자본 소유권의 균등한 이전을 촉발하는 일종의 '탈출속도' 또는 '임계질량'에 도달하는 조건 말이다. 물이 섭씨 100도 이상으로 가열될 때 액체에서 기체 상태로 변하듯이, 자본주의가 이 한계에 도달했더라도 공산주의로 변하는 동안은 붕괴하지 않을 것이다. 요컨대 질 들뢰즈가 말했듯이 공산주의는 '생각의 무한 속도'일 것이다.

제10장

자연의 부활

공산주의에 대한 가장 흔한 비판은 공산주의가 이데올로기의 한 형태이며 심지어 종교라는 것이다. 카를 마르크스가 인민 '인터내셔널'의 꿈, 심지어 에덴동산과 같은 인간과 자연의 화해라는 꿈을 대중화하지 않았는가? 마르크스는 악에서 해방된 역사를 믿지 않았는가? 불행히도 유토피아는 피비린내가 나는데, 그것은 바로 유토피아는 유토피아일 뿐이며 따라서 현실을 그 환상과 일치하도록 — 현실이 저항할 때 환상이 깨지는 위험을 무릅쓰고 — 강제해야 하기 때문이다. 이와 대조적으로 크립토 환경crypto milieu은 스스로 실용적이라고 생각한다. 크립토 환경은 작동하는 것만 믿는다. 그리고 크립토 환경은 철학적 도끼날을 갈 필요가 없는 엔지니어들로만 구성되어 있기 때문에 평화적 혁명을 일으키고 있다고 생각한다.

그렇더라도 적어도 '일반지능' 이론에 의하면, 마르크스주의의 성공은 과학·기술의 진보, 특히 컴퓨터 프로세서의 성능에 관한 무어 법칙Moore's law의 진전에 직접적으로 달려 있다. 그리고 블록체인에도 달려 있다 — 크립토가 스스로 인정하고 싶은 것보다 더 형이상학적이며 심지어 더 종교적이라고 하더라도 그렇다. 그리고 충분한 이유가 있다. 블록체인이 마르크스의 야심에 비견되는 총체적 야심도 가지고 있지 않은가? 블록체인은 컴퓨터 프로토콜이기 때문에 컴퓨터 과학에 의해 완성되는 논리학과 존재론의 위대한 역사의 일부다. 사실 '무한 속도'로 생각한다는 마르크스의 꿈을 성취할 수 있는 것은 블록체인뿐이다.

블록체인의 용도가 화폐를 넘어 확장되고 있는 만큼, 그 가능성은 이미 분명해지고 있다. 블록체인은 은행 업무 원장을 넘어 보편적 원장이며 더욱이 프로그램이 가능한 디지털 원장이다. 이 원장은 잠재적으로 금융 계약뿐 아니라 모든 종류의 계약을 위한 틀 역할을 할 수 있다.

블록체인은 보편적 등록부로서 **존재의 증거**를 보관할 수 있다. 은행이 거래의 증거를 보증하듯이, 국가도 항상 정부 기록을 통해 한 사람의 존재와 신원의 증거를 보증한다. 블록체인은 효율적으로 증거를 제공할 수 있으며 관계자들에게 더 안전함을 보증할 수 있다 — 우리의 데이터가 우리 소유가 아니기 때문에, 우리는 어떤 종류의 정부 파일이 들어 있고 때때로 그

파일이 어떻게 수상쩍은 용도에 쓰이는지를 안다. 또한 우리는 여권이나 신분증을 분실할 경우에 개인의 신분을 입증하는 것이 얼마나 힘든지를 안다. 특히 부모가 외국에서 태어난 데다 마침 그 국가의 기록이 (통화와 마찬가지로) 불신을 받거나 파기되었을 경우에는 더욱 그렇다. 이러한 존재의 증거들은 정보를 증권화하는 일반적 방법으로 쓰일 수 있다. 예를 들어 소유자나 발송자에 의해 '시간이 찍힌' 사진은 위조 불가능하게 되어 가짜 뉴스, 특히 딥페이크deep fake 복제를 방지할 수 있는 길을 제공한다.

같은 연장선에서 블록체인은 **소유권의 증거**를 보관할 수 있다. 현재 공증인들이 은행과 똑같은 방식으로 이런 일을 하는데, 원장을 받아 (도장을 찍고 날짜와 시간을 기입해) 인준을 표시한다. 미래에는 블록체인이 우리 대신에 그 일을 할 것이다. 저작권이나 혼인 증명서에 적용되는 것도 마찬가지다. 또한 블록체인은 투표를 기계화하는 데도 사용될 수 있을 것인바, 각 투표자의 신원이 엄격하게 확인되고 각각의 투표가 하나의 거래로 기록된다.

끝으로, 블록체인은 프로그램이 가능한 통화로서 **실행의 증거**를 보관할 수 있다. 이 일을 하려면, 사건 X가 발생했다고 관찰될 때만 지급 Y가 이루어져야 한다고 명기하는 것으로 충분하다. 이는 개인 간의 임대차, 보험증서, 선물 계약 등에도 적용될 수 있을 것이다. 블록체인은 이러한 능력을 바탕으로 임대차 플랫폼, 보험회사, 변호사 등을 대체한다. 비탈릭 부테린 Vitalik Buterin[1]이 개발한 블록체인인 이더리움은 현재 이러한 기능성을 탐색하고 있다. 이더리움은 '스마트 계약'을 보관하기 위해 특별히 설계된 블록체인이다. 현재 화폐 기능만 있는 비트코인과 달리 이더리움은 완전한 인공지능형Turing-complete인데, 이는 (이론상) 이더리움이 모든 암호화폐, 모든 자동 계약, 다른 모든 블록체인까지도 담을 수 있을 것임을 의미한다.[2]

이리하여 이더리움은 어떻게 블록체인의 궁극적 소명이 **자동화를 자동화**하는 데 있는지 보여주고 있다. 미래에는 연결된 물체들이 인간의 개입과 무관하게 서로 가치 토큰을 교환할 것이라고 상상할 수 있다. 자동차가 자신의 주차비나 통행료를 지불할 것이고 채무나 벌금 미납 시에는 스스로 잠글 것이다. 자율 자동차는 또한 스스로 기름 값을 지불할 것이다. 기계의 복잡한 회로 — 이미 분산자율조직Decentralized Autonomous Organizations:

---

1   러시아의 프로그래머, 작가(1994~)다 _옮긴이.
2   이더리움이 자신의 약속을 지킬 수 있는 능력을 둘러싸고 기술적 불확실성이 크다. 비트코인은 이제 겨우 보조기능복사[라이트닝(Lightning)]를 시행하기 시작했다.

DAOs이라는 별명이 붙었음 — 가 인간의 매개 없이 블록체인에서 운행될 것이다. 더 좋기로는 기계가 블록체인에서 자신을 복제할 수 있을 것이다. 예컨대 기계가 돈을 벌 수 있는 한, 자신을 수리할 예비 부품을 사거나 심지어 연결이 가능한 자신의 복제품을 주문하는 데 그 돈을 쓸 수 있을 것이다.[3] 이 경우에는 기계가 사람의 의사를 받들기보다 결국 그 반대가 될 것이다. 일꾼이 기계이거나 사람일 수 있듯이, 공장 소유주도 기계이거나 사람일 수 있을 것이다.

일부 사람은 이런 모든 것을 스카이넷Skynet — 제임스 캐머런 James Cameron[4]의 영화 〈터미네이터Terminator〉에 나오는 사이버다인 시스템스Cyberdyne Systems의 사내 네트워크로 설계자들의 통제를 벗어나 터미네이터를 탄생시킴 — 의 원형으로 볼 것이다. 그러나 우리는 이것을 브뤼노 라투르Bruno Latour[5]가 말하는 '사물의 의회 parliament of things'로 볼 수도 있다. 라투르가 바라는 '사물의 의회'는 자연을 엄청나게 훼손시킨, 인간과 비인간의 구별을 폐지할 것이다. 기계들은 일종의 인공 식물군, 즉 자신의 이익에

---

3 프랑스 변호사 프리마베라 드필리피(Primavera de Filippi)가 재생산을 위해 비트코인을 수집해야 하는 로봇 '소행성(plantoid)'을 발명했다.

4 캐나다 출신으로 미국에서 활동하는 영화감독(1954~)이다 _옮긴이.

5 과학인문학을 창시한 프랑스의 학자, 사상가(1947~2022)다 _옮긴이.

따라 움직이고 인식하는 산호 네트워크와 같은 것으로, 우리는 그런 기계들과 공생하는 것을 배우게 된다.

마르크스의 서술에 의하면, 공산주의는 "인간과 자연 간 투쟁의 진정한 해결이며 (……) 인간과 자연의 본질이 완전히 하나가 되는 것—자연의 진정한 부활—으로, 인간의 자연주의와 자연의 인본주의가 모두 성취된다". 여기서 다시 언급하자면 아마도 크립토가 이 투쟁의 진정한 해법일 것이다.

제11장

리바이어던 2.0

오늘 인터넷에서 유통되는 정보가 거미집을 만든다. 블록체인에서 교환되는 비트코인들은 나무를 만든다. 각각의 거래는 한 가지에서 밖으로 뻗어나가는 잔가지와 같다. 비트코인은 질 들뢰즈의 '뿌리줄기rhizome'인데, 이 줄기는 그물 모양으로 갈라지는 유기체(단순한 분산 네트워크)일 뿐만 아니라 **뿌리** 유기체다. 이는 특히 한 면으로는 하드웨어 네트워크가 있고 다른 한 면으로는 정보, 즉 소프트웨어가 있음을 의미한다. 여기서 유통되는 것이 비트코인을 구성한다. 비트코인의 정보가 그 물리적 존재를 구성한다. 비트코인은 억류된captive 에너지(퍼즐을 푸는 데 드는 에너지)인데, 이는 식물이 억류된 에너지인 것 또는 DNA가 억류된 에너지인 것과 같다.

실로 DNA는 놀랍도록 비트코인과 유사함을 보여준다. 암호학자 랠프 머클Ralph Merkle[1]이 처음으로 이 유사성에 주목했는데, 그는 비트코인 인프라의 일부인 '머클 트리Merkle tree'를 만든 사람이다. 첫 번째 유사성은 DNA가 한 번 존재하고 끝나지 않는다는 점이다. DNA는 독특하게도 새로운 세포가 만들어질 때마다 복제되어 그 속에 존재한다. 그리하여 DNA는 같은 종의 각 개체에 존재한다. 각 개체가 고유하지만, 각 개체는 공통의 유전자 구조를 공유하며, 따라서 개체들 사이에서 재생산이 가능하고(대체 가능한 개체들) 한 개체의 죽음이 종 전체의 생존을 위험에 빠뜨리지 않는다. 달리 말하면 블록체인처럼 DNA는 하나의 분산 원장이다.

DNA와 블록체인이 공유하는 두 번째 유사성은 사슬 개념, 더 정확히는 암호로 보호되는 암호화된 사슬 개념이다. 엄격한 규칙에 따르는 DNA 작성은 생명의 본질이다. 각 분자는 엄격하게 배분되어야 하고 사슬은 견고해야 하며, 복제가 정확하고 믿을 수 있으려면 누군가 마음대로 DNA를 작성하는 것이 불가능해야 한다. 이를 확실히 하기 위해 DNA는 '작업 증명', 즉 면역 체계를 사용하는데, 그 기능은 자기self와 비자기non-self를 구별하는 것이다. 세포막과 신체 피부가 이런 역할을 하는 일차적 장벽이다. 그들이 맨 먼저 생명의 복제가 이루어질 수 있는 내실을 만든다. 림프계의 백혈구처럼 포식세포는 내부 세

---

1   미국의 암호학자, 수학자(1952~)다 _옮긴이.

관원 같은 것이다. 일반적으로 세포 수용체는 같은 역할을 한다(A와 C 또는 G와 T는 서로 결합할 수 없음). DNA의 '작업 증명'은 DNA가 원자 간의 안정된 전자기적 결합을 만들기 위해 지출하는 에너지다. 마찬가지로 어느 개체도 자신이 속하는 종 전체의 게놈을 수정할 수 없다. 블록체인에서처럼 포크fork를 만들기 위해서는 다수가 필요하다. 한 돌연변이종의 개체는 환경의 충격에서 살아남거나 아니면 다수가 되어 다른 종으로 갈라질 때까지 증식해야 한다. 그러므로 컨센서스 형성자 또는 작업 증명의 역할을 수행하는 것은 자연도태다.

끝으로, 블록체인이 생명과 공유하는 세 번째 유사성은 블록체인 덕분에 우리가 할 수 있는 것에 있다. 즉, 스마트 계약은 유기체와 그 개별 기관을 생성하는 DNA의 미니 프로그램과 같다. 일정 분자가 일정 환경에서 배출되는 것과 같이, 스마트 계약은 이프/덴IF/THEN[2] 논리에 따라 운행을 통제한다. 한 개체의 게놈은 수많은 스마트 계약을 본능적이고 자동적으로 실행하도록 설계되어 있다. 여기서 거래의 주체는 돈이 아니라 정보다. 각 개체는 주변에서 받은 정보를 처리하고 자신의

2　이프(IF)에서 주어진 조건이 만족되면 덴(THEN) 이하가 실행되는 관계다 _옮긴이.

이해관계에 따라 반응한다. 그리고 좋은 행동(종 전체에 유익한 행동)에 대한 보상은 비트코인이 아니라 재생산하고 복제할 수 있는 능력이다. 정확히 말하면 생명의 목적은 사슬 자체의 형태 — 사슬을 만드는 행위 — 이며, 이는 비트코인의 가치가 비트코인을 지탱하는 블록체인에 전적으로 달려 있는 것과 같다.

사실 생명과 블록체인 사이에는 일종의 순환 논리가 있다. 양자는 서로 닮았을 뿐 아니라 서로로 이어진다. 생명의 목적이 자신을 복제하는 것이라면, 그 생명은 가장 적절하고 탄탄하며 가장 안정되고도 신속한 형태를 찾아야 한다. 따라서 진화는 생명 형태가 점차 교활해지기를 요구한다. 살아남는 생명은 더 빠르게 잘 복제하는 것들이다. 그리고 인간은 결정적인 기량을 언어의 형태로 획득했는데, 그 언어 덕분에 대단히 효율적으로 그리고 죽음의 제약에서 벗어나 정보를 저장·처리하는 것이 가능하며, 컴퓨터 언어를 사용하면 훨씬 더 그렇다. 사실 컴퓨터의 발명은 진화 역사의 일부다. 진화를 추동하는 것은 복제 작업을 계속할 최적 장소를 찾는 생명 자체다. 따라서 블록체인은 생명에게 자신을 복제할 가장 안정되고 신속한 시스템을 제공함으로써 일을 마무리한다.[3] 개체는 생명을 소유

---

3 생명과 블록체인의 유일한 큰 차이를 들자면, 생명은 무작위 돌연변이에 의

하지 않으며, 개체 자신을 통과하는 한 생명의 운반체다. 즉, 개체는 생명인 바이러스나 '이기적 유전자'의 건강한 운반체다. 그 결과, 비트코인은 있는 그대로 받아들여져야 한다. 비트코인은 컴퓨터 프로토콜이고 자체적으로 정치적 조직의 한 형태 — 나아가 과거의 것들보다 더 효율적인 형태 — 일 뿐 아니라 생명의 자기 보존을 위해 모든 장치를 흡수한 생명 — 수백만 년의 진화를 거치면서 검증되어 가능한 최고로 안정된 구조를 낳았음 — 의 고등 형태다.

정치 이론은 자연주의적 비유가 풍부하다. 아리스토텔레스 Aristotle[4]는 도시를 생물에 비유한다. 바울Paul[5]은 교회가 '그리스도의 몸'이라고 말한다. 게오르크 헤겔은 국가를 가리켜 '제2의 자연'이라고 부른다. 비트코인은 이처럼 단순 비유를 넘어선다. 비트코인은 리바이어던Leviathan[6]이다. 우리가 비트코인을

해 움직이는 반면, 블록체인은 컨센서스를 탐색한 후 지시된 돌연변이에 의해 움직인다. 블록체인에도 일정량의 혼돈이 도입되어야 할지 여부는 미래만이 알 것이다.

[4]   고대 그리스의 철학자(B.C.384~B.C.322)다 _옮긴이.

[5]   초기 기독교의 전도자(?~?)다 _옮긴이.

[6]   『구약성경』「욥기」에 나오는 바다의 괴물 '레비아탄'의 영어 발음으로, 영국의 철학자 토머스 홉스(Thomas Hobbes, 1588~1679)가 자신의 저서명으로 썼다 _옮긴이.

사람이라고, 집단적 인공지능의 한 형태라고, 카를 마르크스가 주창한 공동의 정치조직이라고, 테야르 드샤르댕[7]이 말한 글로벌 브레인이라고 생각해도 무방하다.

기계는 의식이 가능할 때 지능적이 된다고 흔히 생각한다. 그러나 이것은 원인과 결과를 도치시키는 것이다. 자의식은 지능보다 선행한다. 앞서 보았듯이 자의식은 면역 체계, 즉 자기와 비자기를 알아보고 구별하는 형태로 세포 수준부터 존재한다. 의식은 이차적 인식력이 아니다. 의식이 생명의 원점에서 이미 존재하지 않는다면, 어떤 인식 능력도 불가능할 것이다. 한 기계가 의식이 있기 위해 필요한 것은 보다 정교한 프로그램이 아니라 자기와 비자기를 구분하도록 만드는 오히려 매우 단순하고 탄탄한 프로그램이다. 이 프로토콜이 바로 블록체인의 프로토콜이다 — 이는 비트코인이 일차 인공지능을 수용할 것임을 시사하고 있다.

물론 이것이 비트코인이 자율적 주체임을 의미하는 것은 아니다. 적어도 아직은 아니다. 그러나 무엇이 자율적 주체인가? 무엇이 자의식인가? 비트코인은 또한 '분산된 컨센서스' 형태다. 그것은 모든 신경세포의 개별적 활동에서 비롯되는 통일

---

7 프랑스의 예수회 신부, 학자다 _옮긴이.

성이다. 의식의 출현을 설명하는 최첨단 가설 가운데 하나는 운동신경세포의 전기적 활동이 궁극적으로 단일한 전자기파를 형성하는데, 이 전자기파는 그 운동신경세포 활동을 수정하고 특히 동기화하기 위해 신경계 전기 활동으로 되돌아간다는 것이다.

끝으로, 사물인터넷과 연결된 무수한 사이드 체인으로 구성된 궁극적 블록체인을 상상해 보자. 자기 복제 기계들로 구성된 사이드 체인 자체도 모두 인간이 통제하는 분산 컴퓨터네트워크에 의해 '채굴'된다. 부모 블록체인을 구성하는 모든 개체들의 유전적 자질이 부모 블록체인에 들어 있고, 여기에서 그 개체들은 일체감을 가질 것이다. 각 개체는 같은 종의 일부로 버전이 다를 뿐임을 인정함으로써(말로 하지 않더라도) '나는 이 종에 속하며 내가 그 증거다'고 말할 수 있을 것이다. 따라서 부모 블록체인은 이 모든 개체 환경 속에서 분산된 느낌의 '자아Self' 형태로 존재할 것이다. 이윽고 전체와 부분의 상호작용에 의해 구성된 일종의 몸통이 출현할 것이다. 그 몸통은 지시와 규칙으로 이루어진 하나의 언어다. 알렉산더 폰 훔볼트 Alexander von Humboldt[8]는 언어가 살아 있는 유기체와 비슷하다고

8　독일의 지리학자, 탐험가(1769~1859)다 _옮긴이.

말했다. 언어는 또한 블록체인과 아주 비슷한데, 언어도 다수의 사용자들이 합의하면 갈라진다. 언어에서, 진화는 생명 맥락에서의 작업 증명과 똑같은 역할을 한다. 한 종의 언어를 말할 때 문자 그대로 그 언어가 종이며 그 분자 언어가 DNA다. 이를 우리 자신에 빗대어 표현하면, 문제의 종 전체를 '소비하는' 한 유기체를 충분히 상상할 수 있다. 이 종은 이제 바이러스처럼 그 유기체 속에 살며, 이 종은 어딘가에 — 예를 들어 자신의 두개골이 될 것에 기숙한다. 여기서 우리는 두뇌의 원형prototype을 본다. 종의 각 개체는 삶을 계속 살지만, 그 개체들은 이제 한 신경세포이고, 생각은 종을 실행하는 신경세포들의 작업 결과다. 이런 의미에서 생각도 하나의 몸통이다. 그리고 이 몸통은 원형의 의식proto-consciousness이다. 이런 식이라면 앞으로 우리의 운명은 비트코인이 취할 새로운 생명 형태의 신경망이 되는 것이라고 상상할 수 있다.

제12장

살아 있는 화폐

"유령이 유럽을 괴롭히고 있다"라고 카를 마르크스가 말했다. 아아, 오늘날에 그것은 파시즘의 유령이다. 자본주의가 제2차 세계대전 이후 시작된 성장의 대순환을 끝마침에 따라, 국내총생산GDP이 정체되고 이윤이 떨어질 조짐을 보임에 따라 완곡하게 '포퓰리즘' 정당으로 불리는 정당들이 1930년대에 잘 통했던 트릭을 다시 시도하고 있다. 즉, 세계의 해체로부터 계속 돈을 벌기 위해 '누더기가 된 프롤레타리아'를 도구화하려고 시도하고 있다.

레온 트로츠키Leon Trotsky[1]는 파시즘을 자본주의의 재생산 능력이 한계에 이를 때 발생하는 자본주의의 돌연변이라고 묘사했다. 이 한계는 두 가지 형태를 취할 수 있다. 성장의 시기에 그 한계는 중산층의 요구로 만들어지는데, 개발의 과실에 계

---

1   러시아의 혁명가(1879~1940)다 _옮긴이.

속 참여하려는 중산층의 요구 때문에 상층 부르주아의 여유가 감소하는 결과가 초래된다. 위기의 시기에 그 한계는 재생산 장치가 과잉생산 단계에 이르러 재고 정리가 유일한 해법일 때 발생한다. 두 경우 모두 상층 부르주아는 살아남고 싶으면 프티 부르주아와의 자연 동맹을 깨야 하는데, 단독으로 통치하기에는 수적으로 너무 열세이기 때문에 중산층을 협공하기 위해 — 마르크스와 프리드리히 엥겔스가 명명한 — '몰락한 프티 부르주아' 및 '아쀼프롤레타리아sub-proletariat'와 새로운 동맹을 형성해야 한다. 분명히 이야기하는데, 글로벌 생태계 위기와 겹친 새로운 대규모 금융 위기가 약속하는 '붕괴'는 이제 자본주의 계획의 일부다. 이제 일부에서는 그 붕괴를 기다리고 있고 발생하기를 원한다. 그들은 그 붕괴가 가져올 혼돈으로부터 이득을 취할 수 있을 것이라고 기대한다.

천년왕국설millenarianism은 크립토 환경에서 변치 않는 집착 가운데 하나다. 그러나 뭐라고 떠들든, 비트코이너들은 진행되고 있는 극단적 형태의 '재난 자본주의'를 감당할 수 없다. 그들은 사실을 직시해야 한다. 그들의 돈은 총부리에 의해 빼앗길 것이다. 또한 그들은 채소밭과 대피소를 갖춘 자급자족 주택뿐 아니라 자위를 위해 구입한 총도 빼앗길 것이다. 때가 되면 인프라를 통제할 마피아 국가의 준군사 무장 집단과 싸울 수 있는 사람은 아무도 없을 것이다.

유일한 해법은 마르크스주의를 당대의 가장 신나는 정치 운동으로 만드는 것, 즉 그것의 프로메테우스 같은 차원을 재발견함으로써 더 늦기 전에 지금 행동하는 것이다. 마르크스는 사회와 생명과 우주의 법칙을 안다면 우리가 맞이하는 도전에 한계가 없지만, 인류의 소명은 전 세계를 인류의 집으로 만들고 인류가 뻗어나가도록 자연을 변형시키는 것이라고 믿었다.

그러나 오늘날 이러한 차원의 정치적 행동은 일반적으로 개탄스럽다. 자연이나 사회가 특별히 잘되고 있는 것은 아닌 상황에서, 마르크스주의가 파시즘 및 자본주의와 공유했던 '총체적' 야심이 우리를 괴롭히는 재난의 원인일 수 있다고 일부에서는 생각한다. 그렇다면 자연 앞에서 다시 겸손해지기 위해 그리고 무엇보다도 더 이상 어머니 지구Mother Earth를 건드리지 않기 위해 '통제'의 개념을 재구성하는 것이 시급하다.

사실은 땅이나 경제가 '마술적'이 아니며, 마술적이라고 생각하는 것은 시장에 대해서 애덤 스미스의 '보이지 않는 손'에 무제한의 자유가 주어져야 한다는 주장만큼이나 매우 반동적이다. 지구와 경제는 열역학의 법칙에 종속되는 소실 시스템이다. 정말이지 이것이 참이 아니라면, 우리는 '생태학' 관념을 가질 수 없을 것이고 기후 과학도 없을 것이다. 실로 생태학과 사회주의는 근원이 같으며, 이 점에서 쌍둥이 정치 운동으로 간주되어야 하고 그 공동의 목적은 열역학적 순환을 통제하는 것이다. 다른 선택지가 있는가? 인구는 계속 증가하고 그 증가와 더불어 경제성장, 인간의 니즈와 폐기물도 증가한다. 매우 정당한 요구지만, 개발도상국 또한 진보의 몫을 요구하고 있다.

마르크스의 유일한 잘못은—그러나 엄청난 결과를 초래한 큰 잘못은—열역학적 순환의 복잡성, 특히 앞서 논의했듯이 그 순환에서 정보가 수행하는 역할을 전혀 몰랐다는 것이다. 그 순환에 대해 우리가 지금 완벽하게 파악하고 있다고 감히 말할 사람은 아무도 없다. 그 순환을 완전히 파악하기 위해서는, 특히 역설적으로 그 순환은 혼돈·무작위 현상을 수반하기 때문에 완전히 파악되지 못할 것임을 파악하기 위해서는 아직 연구할 것이 많다. 그럼에도 우리는 마르크스 시대에 비해 그 순환을 잘 통제하고 있다. 생태계가 초기 상태에 매우 민감해서 작은 일탈이라도 생태계에 엄청난 영향을 미칠 수 있기 때문에('나비효과') 우리가 생태계에 조금이라도 작용해서는 안 된다는 주장이 참이 아니라는 것을 우리는 컴퓨터 기술 덕분에 안다. 사실 이 시스템들은 일단 작동되면 외부의 작용에 매우 둔감한데, 이는 이 시스템들의 한 특성이다. 이 시스템들은 '이상한

끌개strange attractor' 주변에서 요동친다(그래서 다행인데, 만일 그렇지 않다면 우리는 오래전에 지구를 잿더미로 만들었을 것임). 따라서 시스템과 그 끌개 사이의 간극에 개입한다는 사상에 본질적으로 신성모독적인 것은 없다. 정말이지 경제에는 그런 개입이 오랫동안 고무되고 널리 시행되었다. 예컨대 중앙은행은 금리정책을 꽉 조이거나 느슨하게 함으로써 성장과 침체의 순환을 누그러뜨린다. 이와 비슷하게 우리의 몸은 호르몬을 사용해 에너지 섭취를 규제하며, 이 호르몬들은 부족할 때는 화학적 대체물로 보충할 수 있다.

화폐가 경제순환의 한 요인인 것은 사실이다. 넓은 의미에서 화폐는 모든 열역학적 순환에서, 특히 유기체 순환에서 그 일부를 형성한다. 생물학에는 아데노신삼인산Adenosine TriPhosphate (이하 ATP)으로 불리는 '에너지 통화'가 있는데, 현금과 비슷한 것이다.[2] 포도당 산화에 의해 생산된 에너지를 전환시키고 운반하는 것이 ATP다. ATP는 어느 한 신체의 모든 기관들 사이

---

2   이 비유는 프랑수아 로디에의 『진화의 열역학: 열생물사회학 에세이(Thermo-dynamique de l'évolution: Un essai de thermo-biosociologie)』(2012)에 나온다. 혹자는 각 입자에 질량을 주지만 자체 질량은 없는 힉스 보손(Higgs boson)이 또한 기본 입자 수준에서 일종의 '에너지 통화'가 아닌지 의문을 품을 수 있을 것이다.

에서 그리고 모든 종과 동물, 식물 사이에서도 운행되는 보편적 지급수단이다. ATP는 생명의 현금이다. 현금처럼 ATP는 은행 — 미토콘드리아에서 제조된다. 미토콘드리아는 금고처럼 막으로 보호되고 비교적 독립적이다(자체의 뚜렷한 DNA를 가지고 있음). 현금처럼 ATP는 에너지를 방출하면서 여러 번 형태를 바꾸며 계속 순환한다. 지출된 현금은 항상 미토콘드리아로 가며, 미토콘드리아는 그 현금을 재생해 다시 순환시킨다[ATP가 에너지를 방출함으로써 ADP(아데노신이인산)가 되고, 다시 ADP는 '재충전'되어 ATP가 됨]. 끝으로, 현금처럼 어느 시점에서나 신체가 필요로 하는 양만큼만 ATP가 있을 필요가 있다. 인슐린이 금리 역할을 수행하는데, ATP 형성을 억제하거나 활성화시키기 위해 어느 때나 혈당 수준을 규제한다. 과다한 ATP는 당뇨병을 일으키며, 그 초과량을 저장하기 위해 지방이 형성된다. 불충분한 ATP는 우리에게 경련을 일으킨다. 국내총생산GDP처럼 ATP가 증가하는 것은 대사 활동의 한 기능이다.

이러한 맥락에서 금융이 반드시 유해한 역할을 하는 것은 아니며 오히려 정반대다. 금융은 또한 엔트로피를 포획하는 역할을 한다. 금융을 췌장에 비유할 수 있을 것인바, 췌장은 인슐린과 당 저장을 규제한다. 먼저 금융(또는 췌장)은 어떤 시스템이 성쇠의 반전으로 인해 돈(또는 포도당)을 빼앗길 리스크에 대비하는 역할을 한다. 어느 농부가 밀 가격에 대해 선물·옵션을 구매한다면, 가격이 떨어지더라도 여전히 그는 먹고살 돈이 충분할 것이다. 이와 비슷하게 좋은 채무 같은 것이 있을 수 있다. 어떤 이유로 인해 한 조직이 (투자에) 필요한 즉각적인 활동을 위한 에너지를 충분히 합성할 수 없다면, 다른 조직에서 에너지를 빌릴 수 있다. 그 다른 조직은 에너지가 부족해질 리스크를 감당하기에 충분한 금리를 붙여 빌려줄 것이다. 채무 이자를 지급하기 위해 더 빚을 낼 필요가 없는 한, 모든 것이 순조롭다. 금융이 매우 복잡하고 그 작동이 순식간에 일어나는 것은 문제가 아니다. 결국 왜 우리는 사회의 열역학이 유기체의 열역학보다 덜 복잡하고 더 느리기를 기대하겠는가?

우리는 그저 활동과 돈이 서로 어긋나지 않도록 확실히 해야 한다. 예컨대 미토콘드리아가 쿠데타를 일으켜 ATP는 신체의 성장이 아니라 자신의 성장만을 위해 사용되어야 한다고 결정했다고 생각해 보라. 이런 일이 발생하는 경우는 은행들이 더 이상 투자를 지원하지 않고 자신의 이익을 위해 투기할 때다. 혹은 미토콘드리아가 생산한 ATP가 점차 에너지 함량이 떨어지고 심지어 에너지 함량이 전무한 경우를 상상해 보자. 그렇게 되면 점점 더 많은 ATP를 순환시켜야 하고 결국에는 혈액 시스템이 포화 상태가 되어 산소나 영양소 등 어떤 것도 운반할 수 없게 된다. 이는 인플레이션에 상당하는 것이다.

암호화폐는 정보와 에너지 간 변환기converter 역할을 함으로써 돈과 활동 간 관계의 최적 조정을 가능하게 만든다. 이러한 의미에서 암호화폐는 우리 종의 진화에서 필수적인 단계다. 이는 우리가 농업과 목축업 덕분에 석기시대의 자연적 재생산 순환을 통제할 수 있게 된 것과 같다. 암호화폐는 그야말로 우리의 미래를 여는 열쇠다. 비트코인은 하나의 화폐일 뿐 아니라 사회적 열역학의 조절 장치이며, 생명의 화폐이고 '살아 있는 화폐'다. 이런 까닭에 우리가 블록체인에 힘입어 상상할 수 있는 미래에는 우리 인간들 사이의 관계가 더 이상 — 인간관계가 '죽은' 화폐에 의해 조정되기 때문인 — 착취에 의해 규정되지 않고, 반대 국면에서 하나 이상의 에너지 화폐에 의해 자율 규제되는 유기체 내 공생 관계가 된다. 그리고 그 유기체의 유일한 성장 한계는 정보의 변이 속도, 즉 빛의 속도, 우주 자체의 속도일 것이다.

이 존재론적 공산주의, 본질의 공산주의가 궁극적으로 우리가 **크립토 공산주의**(비밀공산주의)라고 부를 수 있는 것이다.

결론

만국의 숨은 프롤레타리아

    좌파는 비트코인은 고사하고 블록체인도 아직 제대로 파악하지 못했다.[1] 여기에는 여러 가지 이유가 있는데, 앞서 언급된 일부 이유를 상기해 보자. 화폐와 금융 혁신 일반에 대해 어떤 호기심도 꺾어버리는 정치 문화, 컴퓨터·정보와의 복잡한 관계(이 때문에 에너지와의 관계가 중시됨), 1970년대 사이버공동체주의의 실패, 사토시 나카모토 개인의 자유지상주의 애호(이 때문에 일부에서는 비트코인을 사실상의 우파에 위치시킴) 등이 그 이

---

1   예외로서 우리는 브렛 스콧(Brett Scott), 브라이언 마수미(Brian Massumi, 1956~), 에릭 보르델로(Erik Bordelot), 바루흐 고틀리프(Baruch Gottlieb, 1966~) 등을 들 수 있을 것이다. 불행히도 좌파 지식인들이 블록체인에 관심을 기울일 때도 기존에 시행되고 있는 것, 특히 순전히 화폐적인 시행에 반대하는 경우가 흔하다. 마치 화폐는 좌파 사상에서 아무런 역할을 하지 않는 것처럼, 우리가 이 기술을 돈처럼 사용하기보다 이 기술로 다른 것을 해야 한다는 이유에서다. 또한 우리가 아는 '대안적 블록체인'을 위한 무수한 프로젝트는 물리적 현실에 기초하지 않고 혁명 잠재력도 없는 선의의 키메라에 불과하다.

유다.

큰 잘못이 벌어지고 있다. 사회주의자들이 자본주의를 극복할 길, 국가를 파괴할 길, 생태학적 대의를 진전시킬 길을 정말로 찾고 있다면, 여기가 그들이 있어야 할 곳이다. '사회정의'를 위해 전쟁을 벌이기는 고사하고 헛되이 금융 시스템에 반대하는 시위에 소리 높여 참여하거나 월스트리트에서 농성을 벌이는 것은 아니다.

물론 혁명이 손바닥 뒤집듯 쉬울 것이라고 주장하는 사람은 없을 것이다. 날이 갈수록 세상이 더 허술하게 보인다. 날이 갈수록 경제적·생태적 부채의 무게에 시달리는 나라들이 붕괴에 가까워진다. 지구와 사회의 '에너지 화폐'에 대한 통제를 되찾으려면, 그 전에 대량의 오염된 물을 처리해야 하고 피도 흘려야 하는 비용과 희생을 치를 것이다. 특히 그동안에 풀어야 할 문제도 산적해 있다. 비트코인에 관해서만 말하자면, 비트코인은 초당 처리할 수 있는 거래의 수에 의해 제한되고, 비트코인의 분권화는 다국적 채굴자들의 위협을 받고 있다. 비트코인 시장에는 내부자거래와 불량 금융 상품이 만연하고, 소프트웨어 도구에 대한 최소한의 숙달을 요하는 비트코인 사용은 부자와 빈자를 여전히 가르는 기술 격차에 의해 위협받고 있다.[2] 만일 비트코인의 공개성이 새삼 가공할 '손가락질받는 권력'으로

귀결되고, 불복하는 사용자들을 배제하거나 그들의 죄를 블록체인의 불변의 블록 사슬 속에 영구히 가둔다면 총체적 재난이 될 것이다.

종교개혁이 30년전쟁을 일으키고 수억 명의 죽음을 초래한 후에야 비로소 종교개혁이 서방에 가져온 새로운 정신 질서가 확립되었다. 큰 혁명들 뒤에는 거의 한 세기 동안 구체제에 대해 향수를 느끼는 사람들과 진보주의자들 사이에 세계적 갈등이 이어졌다. 크립토가 이러한 역사적 격변을 뒤따르고 완성시키면서 고통 없이 성취될 것이라고 기대하는 것은 아마 무리일 것이다.

그러나 그것이 의미하는 바는 우리가 크립토에 착수해 크립토 운동을 촉진하기 위해 우리가 할 수 있는 모든 것을 해야 한다는 것이다. 만국의 숨은 프롤레타리아들cryptoletarians이여, 단결하라!

2　비트코인이 잘 알려진 효율성 문제를 안고 있다는 것도 언급되어야 한다. 그러나 적어도 절대적 기준에서는 일부에서 말하는 것보다 덜 심각하다. 추정치를 보면 네트워크의 에너지 소비는 2019년 시간당 15테라와트였는데, 이와 비교해 전 세계의 에어컨은 시간당 2000테라와트를 사용했다. 시스템의 낭비가 더 뚜렷한 것은 상대적 기준에서 볼 때, 달리 말해 그 소비가 네트워크를 거치는 거래의 수와 관련될 때다. 그러나 거래는 늘어나는 것이 바람직하다.

지은이
마르크 알리자르트(Mark Alizart)

1975년 영국 런던에서 태어나 현재 파리에서 살고 있는 프랑스 철학자이자 작가다. 『기후 쿠데타(Le Coup d'Etat Climatique)』(2020), 『경쾌한 사색자, 개(Chiens)』(2018), 『경이로운 정보과학(Informatique céleste)』(2017), 『대중신학(Pop Théologie)』(2015) 등 다수의 저서가 있다.

옮긴이
박동철

서울대학교 국제경제학과를 졸업하고 미국 오하이오 대학교에서 경제학 석사 학위를 받았다. 주EU대표부 일등서기관, 이스라엘과 파키스탄 주재 참사관을 지냈고, 현재는 정보평론연구소를 운영하면서 연구와 집필 활동에 종사하고 있다. 『트럼프의 미국 우선주의』(2018)의 해제를 달았다. 옮긴 책으로 『미국 대통령의 권력 행사』(2023), 『21세기 군사동맹론』(2023), 『스파이 세계사(I, II, III)』(2021), 『글로벌 트렌드 2040』(2021), 『미래의 초석, 네덜란드 교육』(2017), 『창조산업』(2015), 『포스너가 본 신자유주의의 위기』(2013), 『정보 분석의 혁신』(2010), 『중국과 인도의 전략적 부상』(2010) 등 10여 종이 있다.

한울아카데미 2527

암호화폐 코뮤니즘

지은이 마르크 알리자르트
옮긴이 박동철
펴낸이 김종수
펴낸곳 한울엠플러스(주)
편집 조일현

초판 1쇄 인쇄 2024년 7월 11일
초판 1쇄 발행 2024년 8월 9일

주소 10881 경기도 파주시 광인사길 153 한울시소빌딩 3층
전화 031-955-0655
팩스 031-955-0656
홈페이지 www.hanulmplus.kr
등록번호 제406-2015-000143호

Printed in Korea.
ISBN 978-89-460-7527-6 93300